817

ニッポン　鉄道の旅68選

谷川一巳
TANIGAWA HITOMI

HEIBONSHA

ニッポン　鉄道の旅68選●目次

第5章 四国・九州

はじめに

日本の鉄道は、良くも悪くも種類が多いという特徴がある。全国四七都道府県のすべてに何らかの鉄道が走っている。「たった三七万平方キロメートル」の狭い国土に、と記すと語弊があるかもしれないが、世界的にみると小さな面積の国なのに、鉄道の種類はとにかく多い。

高速鉄道にはじまり、在来線、ローカル線、通勤路線、地下鉄、路面電車、登山電車があり、世界一の長さの海底トンネル、世界でも屈指の長さの山岳トンネル、海を越える鉄道など、こんなにもたくさんの鉄道路線が体験できる国はない。

車両に目を移しても、電気車両、ディーゼルエンジン車両、蒸気機関車、ハイブリッド車両、リニアモーター車両、モノレール、ゴムタイヤ駆動車両など、車両の仕組みはありとあらゆるものが揃っている。まるで日本は鉄道テーマパークである。

そのいっぽう、事業者の複雑さでも世界一である。国有鉄道を引き継いだＪＲ各社にはじまり、公営交通、公と民の折半で運営する第三セクター、大手・中小私鉄、さらに、私鉄のなかにはＪＲ系列の会社もあり、事業者が変わるたびに運賃体系も変わる。たとえば、地下鉄と私鉄が相互乗り入れしていても、料金は地下鉄運賃＋私鉄運賃となり、運賃は通しになっていない。これは、日本人は当たり前と思っているが、外国人観光客などには大変わかりづらいシステムになっている。

日本は鉄道大国であるとともに、問題を抱えていることも確かであろう。

ともあれ、地方それぞれの鉄道を乗り継ぐ旅は楽しい。世間一般の「乗り鉄」などという言葉がある通り、日本は世界でもっとも「乗り鉄」が楽しめる国ではないかと思う。鉄道には独特の仕組みがあり、勾配や急カーブに弱いなど、融通の利かない部分もあるが、かえってそういった制約があるために、さまざまな工夫が凝らされていて、鉄道の楽しさにつながっている。

メカニック的なことだけでなく、時間に正確で、単線区間ではどこどこ駅で下り列車と交換するなど、列車ダイヤは緻密につくられている。数は減ってしまったが、途中で行先が二手に分かれる列車もある。推理小説には、鉄道を舞台にしたものが山ほどあるが、他の交通機関を舞台にしたものはほとんどない。

やはり、鉄道という交通機関には、独特の面白さ、そして臨場感があるのだろう。

その地域の日常を乗せて日夜運行しているのも鉄道である。鉄道が通ったことで発達した街だって少なくない。ビジネスマンの多い新幹線、高校生が通学に利用するローカル線、観光客の多い景勝路線などさまざまである。近年は庶民の足としてだけでなく、鉄道そのものが観光資源という考えから、観光列車も増えた。観光列車ではローカルな気分は味わえないが、リラックスしながら景色を楽しむなど、乗って楽しむ列車も増えた。

こんな全国各地を鉄道で旅したとき、それらの鉄道を何気なく乗るより、予備知識を得ておくことで、鉄道旅行がぐんと楽しく興味深くなるはずである。鉄道路線、鉄道車両、鉄道施設には、地域性があり、偶然、その路線にその車両が走っているのではなく、必ずそこには、その車両でなければならなかった理由がある。鉄道路線ごとに地形の特色、車両の特色、歴史、誕生の背景などがあるからだ。

「なるほど」と思わせる理由がある反面、何とも不合理な理由から現在に至っている路線だってある。

本書では、日本全国の鉄道を満遍なく、その地域ごとに特徴のある路線を選んでみた。そのなかには、車窓の美しい路線、できた経緯がユニークな路線、特徴ある車両が運行される路線などもあれば、利用者にとって不合理だと思われる路線も選んだ。

つまり、「すばらしい」「楽しい」だけではなく、敢えて改善が望まれる鉄道路線も紹介した。多くの鉄道事業者が厳しい経営環境におかれていることも知っておく必要があると思ったからである。

日本の鉄道は、知れば知るほど興味の尽きない部分がある。

本書を片手に、日本の鉄道探訪の旅に出るのもいいし、過去に行ったことのある鉄道路線を再訪するのもいい。あるいは、鉄道旅行の擬似体験として役立てるのもいいだろう。

第1章 北海道・東北

1 JR北海道「根室本線」 日本で一番長い距離を走る普通列車

日本でもっとも長距離を走る普通列車（快速含む）は、どこを走っているのだろうか。東京からだと、西は熱海程度、北へ向かっても高崎、宇都宮、水戸あたりになると思うが、これらの地方まではいずれも一〇〇キロメートルちょっとの距離である。

もっとも長距離を走る普通列車は、多くの人のイメージ通りかもしれないが、北海道を走っている。JR根室本線の滝川と釧路の間三〇八・四キロメートルを八時間二七分かけて走る。東京から三〇八キロメートルというと、西へ向かうと愛知県に入って東海道本線の蒲郡あたり、北へ向かうと宮城県に入って東北本線白石あたりになるので、やはり北海道のスケールは大きい。

根室本線の始発滝川を九時三六分発、釧路に一八時〇三分着で、朝から晩までかけて北海道の大地を行く。始発の滝川は小さな町であるから、札幌に宿泊し、札幌発七時〇一分の普通列車に乗ると、滝川で約一時間の待ち合わせでこの列車に乗り継ぐことができる。「青春18きっぷ」などを利用して一日がかりで釧路へ向かえば、列車に揺られているだけで北海道を存分に味わえる。札幌から釧路へは特急列車「スーパーおおぞら」に乗れば四

根室本線・滝川発釧路行きワンマンディーゼルカー

時間ちょっとの距離であるが、その間を一一時間かけて移動するのは、かえって贅沢な気分にさせてくれる。

　車両はキハ40系という、本州でも使われているポピュラーなディーゼルカーだが、北海道で使われているのは二重窓の耐寒構造のものである。車掌のいないワンマン運転で、滝川出発時は一両、富良野から二両編成となるが、おもに混み合うのは釧路に近づいて高校生の下校時間となってからである。途中、富良野で一九分、新得《しんとく》で一二分、帯広では二二分の停車時間があり、改札口を出て気分転換するのもいい。

　都会に住んでいる感覚からすると、

三〇〇キロメートル以上を、各駅に停車する列車に八時間以上乗車するとなると、停まっては走りの繰り返しで、気の遠くなるような感覚となるが、実際に乗車してみると、そのような考えはなくなってしまう。

二〜三キロメートルごとに駅があるのは都会での話で、根室本線では隣の駅まで一〇キロメートルくらいあるのは珍しいことではなく、途中、石狩地方と十勝地方を隔てる狩勝峠を越える落合〜新得間では、二八・一キロメートルにわたって駅がない。この間は一駅進むのに二六分かかる。人口密度が低い広大な大地をディーゼルカーはトコトコと進み、いかにも北海道を旅している気分になれる。およそ普通列車に乗っている気分ではなくなるが、北海道のローカル線とはこのようなもので、北海道で都会と同じような通勤が目的の普通列車が走るのは札幌近辺だけである。

全駅に停まって、ゆっくりと進む普通列車に八時間以上揺られるわりには、特急列車に一回しか抜かれない。札幌を昼前に出る特急に帯広であっさり抜かれ、さらに特急は釧路にこちらより二時間以上早く着く。かなりのスピード差があるにもかかわらず特急に抜かれるのが一回ですむのは、特急列車の本数が少ないことと、特急は石勝線経由なので、新得までは、そもそも普通列車とは違う線路を走っていることが影響しているようだ。

2 JR北海道「石北本線」駅と駅の間隔が日本一

日本で隣の駅までの距離がもっとも長い区間は、JR北海道石北本線の上川〜白滝間で三七・三キロメートルもある。隣の駅までの運賃は八四〇円もする。

新幹線も含めれば隣の駅までの距離が六〇キロメートル以上の区間もあるし、青函トンネル部分は七〇キロメートル以上も駅はないが、地上を走る在来線で一番長い距離にわたって駅がないのは上川〜白滝間なのである。この沿線は石狩地方と北見地方を分ける山間で、炭鉱の閉山と林業衰退で過疎化が進んだ地域である。車窓には走っても走っても人家が映らない。山手線一周（三四・五キロメートル）以上の距離にほとんど人家がないわけで、「日本にもこんなところがあるんだ」と思わせる。

ところで、年輩の鉄道ファンだと「最長駅間区間は根室本線の落合〜新得間だったのでは？」とご記憶の方も多いかもしれない。この間は二八・一キロメートルあり、長らく最長駅間区間として有名であった。この間は狩勝峠が立ちはだかり、列車行き違い用の信号場は多く設置されているものの、乗客が乗降できる駅はない。昭和の鉄道雑学として定番ネタであった。しかし、長らく最長駅間区間だった落合〜新得間は現在四位にまで順位を下げている。

最初に状況が変わったのは、一九八一年の国鉄石勝線開通で石勝高原（現トマム）～新得間が三三・八キロメートルあり、最長駅間区間に躍り出る。石勝線は駅が少なく、楓《かえで》～占冠《しむかっぷ》間も二八・六キロメートルあり、石勝線では二区間が落合～新得間の距離を抜く。ところがトマム～新得間もこの後に順位を三位に下げる。

次に順位が変動するのが二〇〇一年で、石北本線の上川～上白滝間にあった天幕《てんまく》、中越《なかこし》、奥白滝の三駅が一挙に廃止されたことで、この間は三四・〇キロメートルとなり、トマム～新得間の三三・八キロメートルを二〇〇メートルほど凌いでトップとなる。新線建設ではなく、既存の駅が廃止されることで最長駅間区間が誕生した。この廃止された駅の内の中越～奥白滝間にはさらに上越《かみこし》という駅も一九七五年までは存在した。最盛期に比べると四駅が連続で廃止になっており、鉱山閉山や林業衰退から沿線人口がほとんどいなくなったのが原因である。廃止された四駅中、天幕を除く三駅は信号場となったので、上下列車の行き違いの運転停車はあるが、乗客扱いはない。この時点で駅間距離一位は上川～上白滝間三四・〇キロメートル、二位はトマム～新得間三三・八キロメートル、三位は楓～占冠間二八・六キロメートル、四位が落合～新得間二八・一キロメートルとなった。

ところが、二〇〇四年、駅間距離が三位の長さだった楓～占冠間のいっぽうの駅である

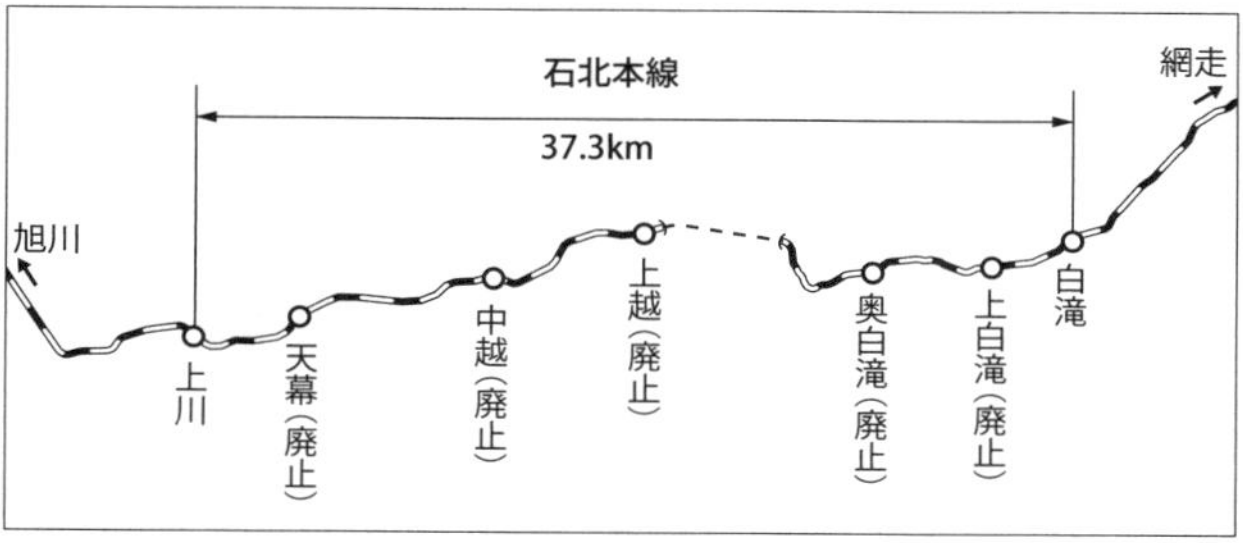

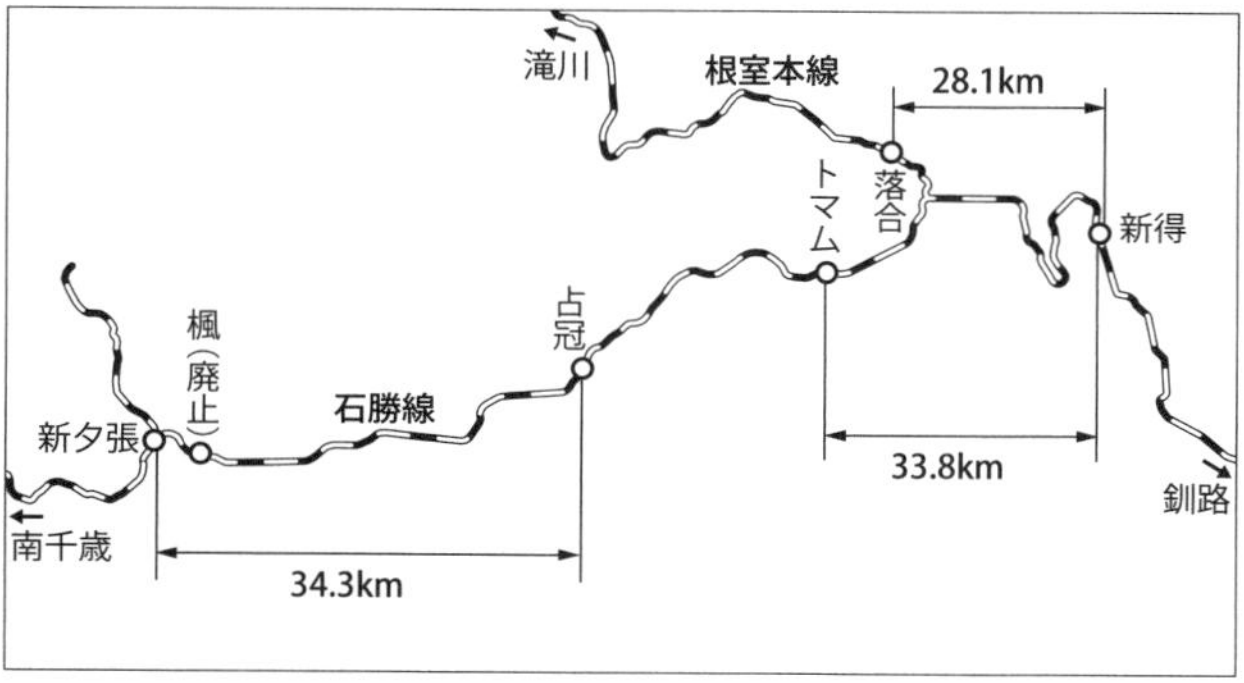

楓が、やはり利用者の減少から廃止になる。それまで楓は新夕張から五・七キロメートル、占冠から二八・六キロメートルに位置していたため、新夕張〜占冠間は三四・三キロメートルとなり、最長駅間区間となった。現在の楓駅は楓信号場となっていて、上下列車の行き違いによる運転停車があるのみである。

さらに、北海道新幹線の開業に合わせた二〇一六年三月のダイヤ改正から、石北本線の上白滝駅が廃止になり、上川〜白滝間三七・三キロメー

上白滝駅（石北本線）も利用者の減少から2016年に廃止

トルが抜きつ抜かれつで一位になった。最長駅間区間は石北本線と石勝線で争われていたような感じである。

整理すると、現在は駅間距離の長さ一位は石北本線の上川～白滝間三七・三キロメートル、二位は石勝線の新夕張～占冠間三四・三キロメートル、三位は石勝線のトマム～新得間三三・八キロメートル、四位は根室本線の落合～新得間二八・一キロメートルとなった。

このように駅間距離が長い区間は北海道が独占していて、その距離も他を圧倒している。北海道を除くと、最長駅間区間は田沢湖線の岩手・秋田県境に位置する、赤渕～田沢湖間一八・一キロメートルと、二〇キロメートルに満たなくなる。本州と北海道のスケールの違いを感じる。

3　ＪＲ北海道「北海道新幹線」世界一長い海底トンネルをくぐる高速鉄道

一九八八年に開通した青森と北海道を結ぶ青函トンネルは、二〇一六年に大きく変わった。それまで在来線用のトンネルだったものが、新幹線・在来線共用のトンネルになった。建設時から新幹線が通ることを前提にしていたので、新幹線用の大きな断面で掘られていた。開通後二八年を経て、トンネルの本領発揮となったのだ。

青函トンネルは五三・九キロメートル、世界最長のトンネルで、このトンネルを掘った技術を買われて、その後、日本は英仏海峡トンネルの建設にも携わり、記憶に新しいところではトルコのイスタンブールでアジア側とヨーロッパ側を結ぶ海底トンネルも建設している。ただし、トンネルの長さ世界一は間もなくスイスのゴッタルド・ベース・トンネルに譲ることになっていて、二〇一六年六月に開通予定で、こちらは五七・一キロメートルあるそうだ。

新幹線と在来線が共用するトンネルのための工夫も随所にある。新幹線が一四三五ミリの標準軌、在来線が一〇六七ミリの狭軌と線路幅が異なるため、トンネル部分では三線軌条といって三本のレールが施設され、ゲージが異なる車両が通れるようになっている。と

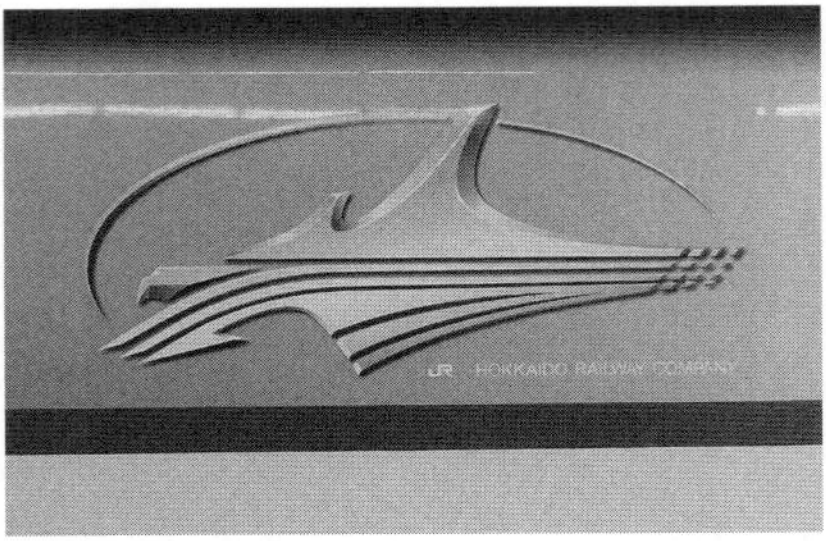

新幹線は遂に津軽海峡を越えた

いっても北海道新幹線が開通した現在、青函トンネルを通る在来線旅客列車はない。しかし、貨物列車は多く通過する。青函トンネルは北海道と本州を結ぶ物流の大動脈でもある。

架線電圧も新幹線が二万五〇〇〇ボルト、在来線が二万ボルトと異なるため、青函トンネルを通過する貨物列車は、どちらの電圧にも対応できる複電圧式のEH800形電気機関車に牽引される。この電気機関車は北海道新幹線の開通以降、青函トンネル通過の貨物列車用に新調された。

北海道新幹線の開通で、青函トンネルの問題点も出てきている。それが新幹線と在来線のスピード差である。たとえば、新幹線は盛岡～新青森間を最高時速二六〇キロメートルで運転、在来線の貨物列車の最高時速は一一〇キロメートルと一五〇キロメートルも差があり、新幹線と貨物列車が八〇キロメートル以上にわたって同じ線路を走ることになるので、新幹線はすぐに貨物列車に追いついてしまう。トンネル内では待避施設はないので、東海道新幹線の「のぞみ」が「こだま」を追い抜くようなことはできない。

そこで青森県と、北海道の両側のトンネル出入口近くに、貨物列車を待避させる施設を設け、さらに新幹線もトンネル内の最高時速を一四〇キロメートルに制限している。新幹線の開通以前、この間を運行する在来線特急「スーパー白鳥」なども最高時速一四〇キロメートルだったので、在来線との共用部分に関しては新幹線となった現在も最高速度は変わっていない。

新幹線にとって時速一四〇キロメートルは、徐行運転のようなもので、時間短縮効果を見出せないでいる。そのため、東京〜新函館北斗間の所要時間は最速四時間二分と、四時間の壁を切れないでいる。この間は三時間五〇分で移動できる東京〜広島間とほぼ同じ距離なので、東北・北海道新幹線は、日本でもっとも新しい新幹線路線を含みながら、日本でもっとも古い新幹線に勝てないことになる。しかも、東北新幹線は宇都宮〜盛岡間では日本最速の最高時速三二〇キロメートル運転を行っているので、青函トンネル部分で鈍足になってしまうことが、全体の所要時間短縮にかなり足を引っ張っているといっていいだろう。

そこで、車両ごと貨物列車を標準軌のフラットな車両に載せて運行する「トレイン・オン・トレイン」といった構想もある。しかし、スイスなど海外では事例があるものの、多額の費用がかかることから、検討されるにとどまっている。

4 JR東日本「大湊線」他のJR路線とつながっていない飛び地路線

青森県のJR大湊線は、第三セクター青い森鉄道の野辺地から陸奥湾に沿って北上、むつ市の大湊に至る単線非電化のローカル線である。大湊線は長い距離にわたって海岸線に沿うことから、車窓の美しい路線として人気となっている。その素顔は本州最北の地を行く過疎地の路線で、多くの列車は小振りのディーゼルカー一両のワンマン運転で、侘しさを感じることもある。終点の大湊からは恐山が望め、演歌や漁師歌が似合いそうな雰囲気がただよう。

季節によって、八戸から観光列車「リゾートあすなろ」も運行される。八戸で東京発の東北新幹線「はやぶさ」から接続し、野辺地から大湊線に入る。快適な座席に眺望のいい大きな窓、展望室も設けられている。車内設備は豪華ながら特急ではなく快速扱いなので、指定席券は必要ながら特急券などは必要なく、快適に、気軽に大湊線を体験することもできる。ただし、観光列車に乗車すると、快適ではあるが、その地の素顔は伝わって来ないかもしれない。

大湊線は、JR路線のなかでは少し変わった形態となっている。東北新幹線が新青森に

大湊線の車窓に広がる陸奥湾

延伸された時点で、他のＪＲ路線と接続しない孤立路線となっていることだ。従来、ＪＲ大湊線はＪＲ東北本線野辺地駅から枝分かれしていた。ところが、東北新幹線開業によって東北本線がＪＲから切り離され、第三セクター青い森鉄道となり、そのいっぽう、大湊線はＪＲ路線として残ったからである。

かつて東海道・山陽新幹線ができた時代は、在来線の輸送力が逼迫していたため新幹線が建設され、いわば在来線の線増といった意味合いで新幹線が建設されていたものだが、現在の整備新幹線は、在来線に余裕がないわけではなく、大都市間の時間短縮などを目的に建設されている。現在の新幹線建設は並行在来線の第三セクター化とセットで行われ、そのため、「本線」と名のつく幹線が地方の運営する路線となり、

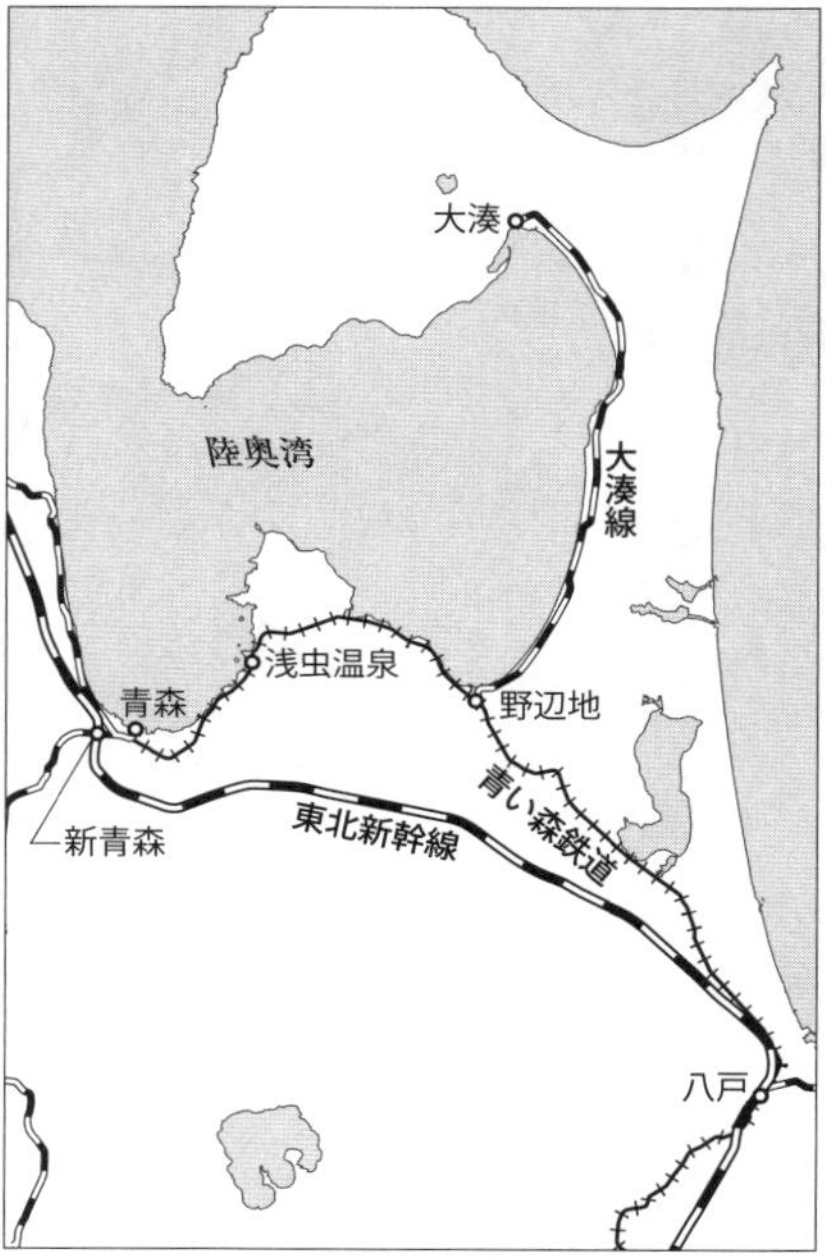

その本線より格下だったローカル線は、新幹線が並行するわけではないのでＪＲ路線としてそのまま残り、結果として孤立したローカル線ができることになる。

大湊線のローカル列車は野辺地～大湊間を往復するが、青森、八戸から直通する快速「しもきた」があるほか、前述の「リゾートあすなろ」もある。それらは野辺地までは青い森鉄道の線路を通って運行していて、運賃も青い森鉄道とＪＲ大湊線の合算となる。大湊線の車両基地は八戸線などとともに八戸にあるため、大湊線の車両は他社線の線路を通らないと車庫に戻れないという形態になっている。

このようなことが、割引切符のルールにも少なからず影響を与えている。「青春18きっぷ」は日本全国のＪＲ路線の普通列車が乗り放題となるが、ＪＲから切り離された第三セクター鉄道は当然ながら利用することはできない。新幹線が開業するたびに、日本全国で「青春18きっぷ」が利用できる区間は狭まっていて、すでに東北地方でいえば盛岡〜青森間の二〇〇キロメートル以上にわたる区間が、使用することができない。

そこで、東北新幹線が八戸から新青森まで延伸された時点で、大湊線をケアするための特例が設けられた。青森〜野辺地間を途中下車せずに利用する場合に限って、青い森鉄道に「青春18きっぷ」で乗車できるようにした。本来なら、青森〜野辺地間は別の切符が必要になるところを、特別処置をはかった。しかし、あくまでも青森〜野辺地間を途中下車せずに利用する場合のみで、途中、浅虫温泉で下車する場合などはこの特例は適用されない。

実は、このような例は北陸新幹線の開業時にも現れていて、石川県の七尾線も大湊線同様に他のJR路線と接続しない孤立したローカル線となった。富山県の氷見線も同様である。同じく富山県の城端《じょうはな》線も新幹線とは接続するものの、JR在来線とは接続しない孤立路線となり、大湊線に似た特別なルールが設けられている。新幹線の延伸が進めば今後も孤立したローカル線が増える可能性もある。

現在、進められている新しい新幹線の建設は、新幹線の開業と在来線の地方移管がセットで行われていて、新幹線が開業して大都市間の利便性が向上する陰で、地方の鉄道が犠牲になるという構図を抱えている。

5 JR東日本「東北新幹線」最高時速は三二〇キロメートル、しかし……

日本最速の鉄道は、最高時速三二〇キロメートルを誇る東北新幹線である。営業列車による時速三二〇キロメートル運転は、現在のところフランスでも行われているほか、ドイツでは最高時速三三〇キロメートル運転も行われている。一九六四年に開通した東海道新幹線は、カーブや勾配が多く、それがスピードアップの障害になっていたが、カーブ通過時に車両を傾斜させるシステムの開発や車両の改良などで、現在は最高時速二八五キロメートルにまで速くなった。国鉄時代、東海道新幹線は長らく最高時速二一〇キロメートルだったので、七五キロメートルも速く走れるようになった。東海道新幹線より後に開通した山陽新幹線は、最高時速三〇〇キロメートルである。

このように、新幹線の技術は日進月歩で、新しい路線ほど最高時速は速くなっているのだが、新幹線が北へ、西へ、さらに北陸へも開通した現在、これら新しい新幹線はさらに速くなっているかと思いきや、実はそうではない。

九州新幹線、北陸新幹線ともに最高時速二六〇キロメートル、前述の東北新幹線も最高時速三二〇キロメートルとなるのは宇都宮～盛岡間で、もっとも新しいはずの盛岡～新青

E5系。最高時速320キロメートル運転を行うために、かなりの流線形をしている

森間は最高時速が二六〇キロメートルに抑えられている。なぜ、最新の新幹線が、開通後五〇年以上も経った東海道新幹線にスピードで劣るのか疑問である。

しかし、この答えは簡単で「費用対効果」の一言に尽きる。やはり時速三〇〇キロメートル以上で運転するとなると、車両や線路、トンネルや橋梁のメンテナンスはそれなりに高度なものでなければならない。安全も伴わなければならず、少しのミスも許されない。するとそこまでの費用をかけて数十分の短縮をしても、それに見合う効果がないというのが、新しい新幹線区間の現実なのである。

言い換えれば、東京～新大阪間などはスピードアップを図ればさらに利用者が増える可能性があるということだ。対抗する交通機関の利便性も大きく影響する。北陸新幹線を例にすると、東京〜金沢間の新幹線所要時間は二時間三〇分、空を飛べば羽田〜小松間は約一時間であるが、空港までの行き来やフライトまでの待ち時間からいって、現状でも新幹線が圧倒的に優位である。すると、たとえ技術的に最高時速三〇〇キロメートル以上の運転が可能であっても、最高時速二六〇キロメートルで充分ということになる。

そういった意味では、新幹線が建設される区間では、この「最高時速二六〇キロメートル」というのがひとつのスタンダードで、いわゆる「整備新幹線」はこの基準が適用されている。費用対効果を考えたとき、最高時速二六〇キロメートルがちょうどバランスのとれた値ということだ。日本でもっとも国内移動の多い主要都市間にはすでに新幹線が整備され、現在は、いわば「並みの新幹線」でかまわない次のステージに移っている。

世界に目を向けても同様のようである。少し以前までは、中国の高速鉄道が最高時速三五〇キロメートル運転を行っていた。最新車両の形式はCRH380(China Railway High-speed)という形式で、「380」は最高速度を意味していた。しかし、温州での脱線転覆事故などを契機に、現在は最高時速を三〇〇キロメートルに抑えて運転していて、その大きな理由に、やはり時速三五〇キロメートル運転を行うには、線路の保守などに費用がかかり、採算性に問題があるからとしている。

6 JR東日本「秋田新幹線」単線が二本並行している複雑な事情

東海道新幹線や東北新幹線が「フル規格の新幹線」と呼ばれるのに対し、山形新幹線や秋田新幹線は「ミニ新幹線」と呼ばれる。どこが違うのか。

フル規格の新幹線は一四三五ミリ幅の標準軌の線路（日本の在来線は一〇六七ミリ幅の狭軌）を走り、車体断面も在来線より大きい。そのため線路や駅施設、ホームなどが在来線とは別で、新幹線だけが走行する専用の線路を最高時速三〇〇キロメートルなどの高速走行をする。

それに対して、秋田新幹線を例にすれば、東京～秋田間のうち、東京～盛岡間はフル規格の新幹線専用の線路を最高時速三二〇キロメートルで運行するものの、盛岡～秋田間は専用の線路ではなく、在来線を走行し、最高速度も時速一三〇キロメートルと、在来線同様に抑えられる。東京でイメージする新幹線からすると信じられないかもしれないが、秋田新幹線の盛岡～秋田間は線路も単線で、踏切もある。ホームしかないような山間の駅に停まっては反対列車を待つこともある。とても新幹線のイメージではないかもしれない。

秋田新幹線や山形新幹線は、末端部分が在来線を走るので、車体断面も小さくできてい

秋田新幹線「こまち」が盛岡を過ぎ、在来線を走行する

て、フル規格の新幹線車両の普通車が五列座席であるのに対し、山形新幹線や秋田新幹線では在来線特急などと同様に四列座席である。

このように、ミニ新幹線は在来線も走るので、ミニ新幹線を走らせるにあたって問題となるのが線路幅である。在来線の線路を新幹線同様の標準軌にする必要がある。山形新幹線では福島〜山形〜新庄間の線路を標準軌にしており、新幹線は走れるが、この間を運行する在来線車両は、この区間専用となり、この区間以外に出ることはできない。秋田新幹線でも同様に盛岡〜大曲間の在来線は標準軌になっており、この区間は専用の車両が走る。これらの区間では、東京へ直通する新幹線が走るようになった反面、在来線の貨物列車などは走ることはできず、メリットもあるがデ

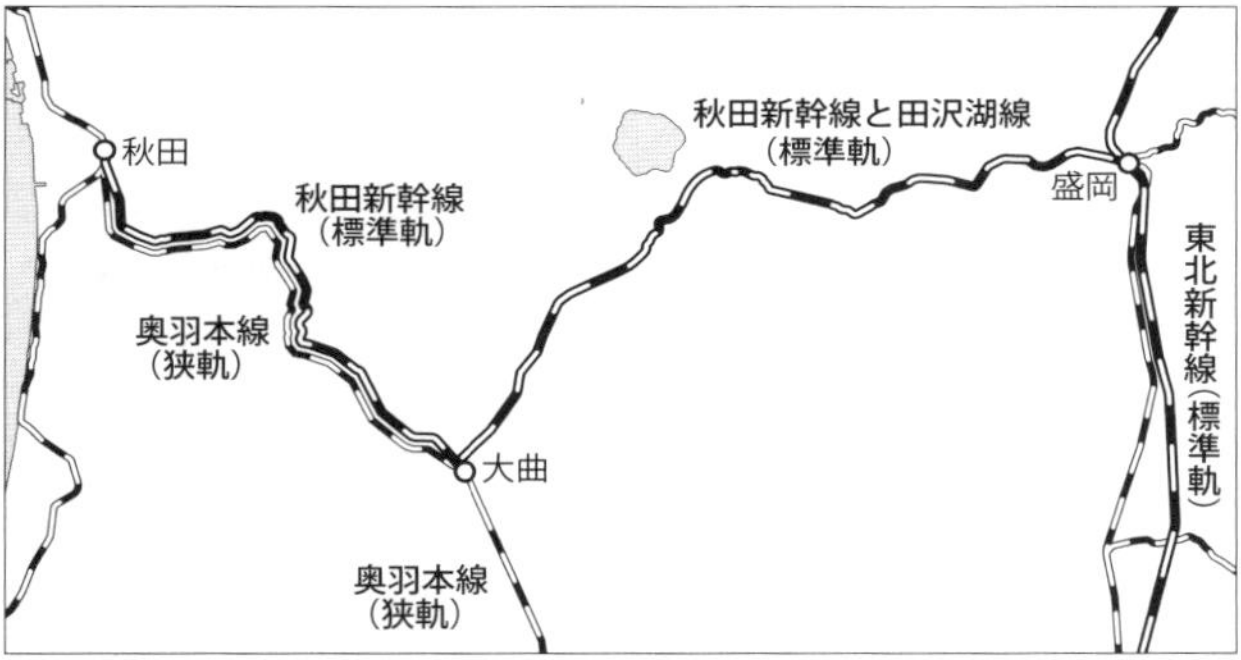

メリットも伴っている。

それでは残る秋田新幹線の大曲〜秋田間はどうなったかというと、ユニークな方法が採られた。この区間の奥羽本線はもともと複線の線路になっていたので、二本の線路を敷く土地があった。そこで、在来線用の単線と新幹線用の単線という、単線を二本施設するという方法が採られている。在来線からしてみれば、複線だったものが単線となってしまうのでレベルダウンになるが、新幹線が別の線路を走るので在来線はローカル列車だけの運転となり、単線でもさしたる問題はない。

こうして、在来線は他の線区と孤立することなく狭軌のままで運転することができ、新幹線に気兼ねすることなくダイヤが組めた。新幹線もローカル列車の走らない専用の線路を走っているので、在来線の遅延などの影響を受けずにすむのである。そのためこの区間では新幹線とローカル線がすれ違ったり、同じ向きに並んで走ったりすることもある。普通列車で奥羽本線大曲～秋田間に乗ったら、最前部か最後部で線路の様子を観察してみてほしい。

そして、こういった意味では山形・秋田両新幹線は、フル規格ではない、いわばローカル新幹線ともいえ、東京と直通することを優先した結果、地域の鉄道網は線路幅の違いで寸断されており、地域を犠牲にして新幹線を走らせたことになる。しかし、別の見方をすると、フル規格にならなかったことで、地域の足が第三セクター化されるなどの弊害なく新幹線を導くことができたともいえるのである。

7 JR東日本「五能線」観光列車の狙いとは

五能線は日本海に沿うローカル線である。沿線の五所川原(青森県)と秋田県側の起点である能代から一字ずつとって「五能線」となった。

夏は穏やかな、そして冬は荒れ狂う日本海を車窓に港町を結び、白神山地や日本海を望む露天風呂のある温泉などを沿線に持つ。ローカル線旅情は味わえるものの、ご多分に漏れず過疎地で、車窓を楽しめる時間帯に限っていえば、実質一日二往復くらいの本数で、効率よく乗車することはできない。もちろん特急なども走っていない。

しかし、五能線は観光列車「リゾートしらかみ」が走ることで知られている。五能線の美しい車窓を楽しむための列車で、快適な車内設備である。座席はＪＲ東日本の一般的な特急列車よりゆったりしているほか、窓は眺望のいい大型のもの、車両によってはコンパートメントスタイルで、展望室も備えている。さぞ料金も高めかと思いきや、快速列車扱いなので乗車券＋座席指定券（五二〇円）で利用でき、「青春18きっぷ」などでも座席指定券をプラスすれば利用できる。いわばお得な列車だ。普通列車は昼間に二往復程度しか走らないのに、「リゾートしらかみ」は三往復あり、秋田と青森や弘前を効率よく結んでいる。

車両も、当初は国鉄時代のディーゼルカーを改造したもので、快適な設備ながら足回りは昭和生まれだったが、近年になって観光列車用のハイブリッドカー（ディーゼルエンジンで発電してモーター駆動）の新型車

ハイブリッド式車両で運行する五能線の観光列車

両も導入されている。

この「リゾートしらかみ」は東北地方の観光列車のパイオニア的存在で、以降、JR東日本では、おもに東北地方の車窓の美しい路線を中心に観光列車の運転に力を入れるようになった。五能線のほかにも大湊線、八戸線、陸羽東線など多くの路線で観光列車が運転されている。どの列車も快速のわりに車内設備は整った造りになっていて、気軽に快適な旅ができる。

それでは、この破格ともいえるサービスの狙いは何だろうか。それは、観光列車の運転ダイヤをみると答えがみえてくる。「リゾートしらかみ」でいえば、三往復あるうちの二往復は、東京から秋田新幹線「こまち」を利用すれば接続できるようなダイヤになっている。このほか東北地方の観光列車はすべて朝東京を新幹線で出発すれば接続できるように、少し遅めの午前に出発するダイヤになっているのだ。

地元の観光振興という目的もあるが、魅力的な観光列車を運転して、新幹線利用者を増やしたいという意図がみえる。どうしても北へ向かう新幹線は東海道新幹線に比べてビジネスで利用する人が少ない。東京から「はやぶさ」に乗ると仙台で、「やまびこ」に乗ると宇都宮で大勢のビジネス客や通勤者は降りてしまい、そこから先は観光需要に頼らざるを得ない。そのためには観光地に頼るだけでなく、乗って楽しむ列車の運転にも積極的にならなくてはいけないのだ。

これらの観光列車、利用者としても心得がある。観光列車は快適で便利なダイヤで運転している。利用者もおおむね観光目的なので、乗客同士の話にも花が咲くかもしれない。しかし、地元の人との触れ合いは期待できない。津軽訛りの地元客や、学校帰りの高校生などは乗って来ない。ディープな五能線を味わいたいのであれば、実質一日二往復のローカル列車を乗り継いで旅をするしかないのである。

8 JR東日本「釜石線」「SL銀河」は蒸気機関車とディーゼルカーで運行

JR東日本では、ここのところSL列車が多くなった。直近では、二〇一四年から岩手県の釜石線でC58形蒸気機関車が復活を遂げている。また、二〇一一年には、上越線にC61形蒸気機関車も復活した。

JR東日本は、それまでも運行していたC57形、D51形を含めて四両の蒸気機関車を動態保存している。いずれの機関車にも共通していることは、一度引退して公園などに飾られていたものを復活させていることで、いわば新橋駅前にあるような機関車を、再び線路に戻して動かせるようにしたわけだ。

国鉄時代、日本の鉄道から蒸気機関車が消えることになり、鉄道ファンはその姿を惜しみ、保存運転を望んだものである。しかし、鉄道運行側は蒸気機関車の運転には経費がかかることなどから保存運転を拒んだ。当然といえば当然で、鉄道近代化のために蒸気機関車を引退させたのに、それを保存したのでは蒸気機関車の運転のためにターンテーブルや給水施設などを残さねばならず、近代化の意味がない。

ヨーロッパなどではSL保存運転が活発で、日本でもヨーロッパの状況が引き合いに出されたが、日本のようなノスタルジックな思いでSL運転を望んでいるのと、ヨーロッパのように歴史的遺産と位置づけて、ボランティアの手によって運営されているのとでは状況が異なる。

しかし、国鉄から蒸気機関車が消えて三〇年以上が経ち、一転して鉄道会社がSL運転に積極的になったのには、SL運転を観光資源と考えると、ビジネスとして成り立つと判断したのであろう。JR東日本では、すでに四両のSLを運行している。SL運行には燃料や設備の確保、運転技術の伝承など多くの課題があるが、三両保有するなら、四両保有するのも手間は同じという考え方もある。JR東日本は、秩父鉄道を運行するC58形蒸気機関車も管理しているので、実質的には五両の機関車の管理に携わっている。このことか

釜石線に復活。C58形蒸気機関車が引く「SL銀河」

らすれば、運転線区や施設の確保に目途が立てば、もう一両ということもまったくない話ではないかもしれない。

このように、全国の公園や学校などに飾られているSLには、ひょっとしたら復活の可能性が秘められている。ところが困った問題もある。当然、SL列車を復活させるには機関車だけでなくSLに引かせる客車が必要になるが、その客車がないのだ。機関車は保存してあっても、保存されている客車というのは滅多にない。そもそも日本では客を乗せる車両自らが動力を持っている電車やディーゼルカーが主流で、客車そのものがほとんど使われなくなっている。

日本の多くのSL列車は、数少ない客車を確保して、何とか運転しているというのが現状である。では、復活運転を遂げた釜石線の「SL銀河」では、どうやって四両の客車を確保したのかというと、国鉄時代に新製された北海道用の51形客車を使っている。客車としての使命を終えてからディーゼルカーキハ141形に改造され、札幌近郊の札沼線で走っていた車両を購入している。JR北海道では、二〇一二年に札沼線の札幌近郊部分が電化されたため、たまたま余剰になっていたのである。

しかし、日本の鉄道から蒸気機関車の引く定期旅客列車が姿を消したのは一九七五年、51形客車が新製されたのは一九七八年からなので、実際には蒸気機関車が51形客車を引いて運行はしておらず、機関車と客車には世代ギャップがあり、客車にあまり古さを感じない。しかし、機関車は保存していたものの、客車は保存していなかったので、そんなこともいっていられないというのが現実だ。

この「SL銀河」用の客車、厳密には客車ではなく、ディーゼルカーに改造されたままで、現在もディーゼルカーである。蒸気機関車に引かれているものの、動力を持っていて、その動力も動かしている。釜石線には「仙人峠」という急勾配の山越えがあり、蒸気機関車一両で四両の客車を引いて安定して峠を登ることが難しいため、敢えてディーゼルエンジンは外さず、動力として使っているのである。

これを聞いてしまうと、機関車が煙をもくもく吐きながら力走しているのに、実は客車も動力を持っていたというのは、少し興ざめかもしれないが、「仙人峠」は四キロメートルの間に三〇〇メートルの高低差があり、トンネルもあるため、このような処置がとられている。

9　第三セクター「三陸鉄道」東日本大震災から復興。リアス式海岸を行く

リアス式の海岸に沿って走る三陸鉄道は、トンネルをくぐっては太平洋と漁港を望むといった美しい景色のなかを行き、沿線は海の幸に恵まれた地域である。

国鉄時代から三陸を縦貫する鉄道計画はあった。しかし、赤字経営だった国鉄は縦貫鉄道を断念し、JRになって間もなく、赤字の大きかった路線と、未開通部分を地元が支える第三セクター三陸鉄道に移管した。三陸鉄道の開通後は、この縦貫鉄道のうち、JR路線として残ったのは、南から気仙沼線、大船渡線、山田線、八戸線である。元国鉄路線で三陸鉄道に移管されたのが盛線、宮古線、久慈線、新たに開通させて三陸鉄道が運行することになったのが、吉浜～釜石間と田老～普代間であった。赤字路線や未開通区間を三陸鉄道として運行することで、宮城県から岩手県、そして青森県に達する太平洋側を縦貫す

る線路がつながったのである。

しかし、三陸鉄道は、いわばこの地域のなかでも国鉄時代やJRとして採算の合わない区間のみを受け継いだことになり、ご多分に漏れず赤字続きの経営を強いられた。そこで利用者を増やす努力も怠らなかった。お座敷列車やこたつ列車を運行するなど観光客誘致に努めた。

お座敷列車はJRでも運転されているが、JRのお座敷列車はグリーン車料金が適用されるほか、団体旅行に参加しないと乗車できないケースが多い。その点、三陸鉄道のお座敷列車は、定期列車に連結して運転するので気軽にひとりでも乗車でき、おすすめである。

この三陸沿岸を襲ったのが、二〇一一年の東日本大震災による大津波であった。三陸地方の鉄道すべてが被災し、甚大な被害を受けた。五年が経った二〇一六年現在、復旧の目途すら立っていない路線もある。しかし、そんななかで三陸鉄道の路線はいち早く復旧され、二〇一四年には全線で運転再開にこぎ着けた。現在は元通りの運行になっている。被害の大きさを考えると見事であった。

ところが、復旧がまったく進まないのがJR路線である。気仙沼線と大船渡線の海に沿う部分は、線路だった敷地をバス専用道として仮復旧しているが、鉄道が運転される目途は立っていない。山田線の太平洋に沿う部分（釜石～宮古間）の復旧はまったくの白紙状

太平洋をのぞみながら行く三陸鉄道。震災後、この車両はクウェートの援助で導入

態が続いている。

どうして三陸鉄道とJR路線で、こんなにも震災後の復旧に差がついてしまったのだろうか。それには、JR路線は古くからの路線で、低い土地を走っており、被害が大きかったこと、復旧させるにしても、内陸に移動させるなど、都市の全体的な復興プランがまだまとまっていないなどの理由がある。その点、三陸鉄道が運行する路線は、需要の少ない過疎地ではあるが、比較的新しくできた路線なので、トンネルが多く、地上区間も高架の高い部分を走っており、内陸に移動させるなどの大掛かりな作業を伴わなかったので、復旧が早かった。

そして、第三セクターとJRの差も大きかったように思われる。三陸鉄道の出資元の多くは岩手県と関係する自治体で、三陸鉄道はほとんど公営鉄道といっても過言ではない。となれば、県民の生活を優先して復旧もスムーズに進んだ。

しかし、JRは民間企業である。山田線はJRのなかでも収益のよくない路線であることは間違いなく、多額の復旧費用をかけてもそれに見合う収入は得られない。JR側は、仮復旧として線路跡をバス専用道にする案を出したが、地元側は、永遠にバス運行になってしまうことを恐れて進んでいない。

さらに、JR側は山田線釜石〜宮古間の三陸鉄道への移管も提案している。確かに、三陸鉄道は南リアス線と北リアス線に分かれているが、釜石〜宮古間も三陸鉄道にしてしまえば、三陸鉄道としては盛から久慈までを一括して効率的な運行になるのかもしれない。しかし、JR路線でなくなれば、盛岡や花巻、さらに東京への一体感は失われてしまう。地元は震災後も難題が山積みなのである。

10 JR東日本「奥羽本線」福島・山形の県境「板谷峠」は東北一の難所

日本は山が多く、変化に富んだ地形で、鉄道路線のあちこちで山越えの峠がある。やはり県境に多く、岩手と秋田を隔てる仙人峠、群馬と新潟を隔てる三国峠（鉄道は清水トンネルで越える）、岐阜と滋賀の間には関ケ原越え、大分と宮崎の間には宗太郎越え、熊本と鹿児島の間には矢岳越えなど、数多くの難所がある。

峠駅では「峠の力餅」がホームでも売られている

そんな日本の峠を越えると、車窓や雰囲気が一変することもある。群馬・新潟の県境を隔てるトンネルを越えると雪国になるのは有名だが、福島・山形の県境を隔てる板谷峠も、峠を境に車窓が一変する。それは新幹線に乗っても感じられる。

山形新幹線「つばさ」は、東京から福島までは東北新幹線の線路を最高時速二七五キロメートルで疾走するが、福島を越えると奥羽本線に入り、地面を這うようになり、山間へと入っていく。「つばさ」の在来線での最高時速は一三〇キロメートルであるが、在来線にはカーブが多く、実際には時速一〇〇キロメートルにも満たない速度で運転する区間も長い。勾配もきつくなり、車体をくねらせながら進み、車輪がきしむ音がする。三三パーミル（一〇〇〇メートル進んで三三メートル登る）の勾配が続き、新幹線とはいうものの、ここでは在来線を行くローカル特急の風情となる。

福島～米沢間の約四〇キロメートルには町がなく、「つばさ」は全列車どこにも停車しない。それほどに集落のない山間が続く。それだけに峠を越えて米沢平野に出ると景色が一変する。福島駅では高い高架から福島盆地を見下ろすような景色だったが、米沢平野に入ると、「つばさ」は水田のなかをひた走っていて、地元の人でなくても「故郷に帰ってきたなあ」と感じさせる車窓となる。冬であれば一面の銀世界へ変わる。そのときには「つばさ」は新幹線ではなく、紛れもない在来線特急の姿となっているのである。

福島～米沢間には、普通列車は一日六往復しかない。かつては峠越えの際、四駅連続でスイッチバックだったので、急行列車であっても四駅連続で停車したものだが、現在は身軽な電車のみの運転となり、スイッチバックは廃止された。

この福島と米沢の間に立ちはだかる板谷峠は古くから東北一の鉄道の難所であった。当初はこの峠を蒸気機関車で運転したが、勾配がきつく、ひとつの列車での連結両数などはごくごく限られていた。そこで、戦後間もない一九四九年にいち早く直流電化され、この間は古くから電気機関車によって運転されていた。東北本線大宮～宇都宮間の電化が一九五八年、東北本線の電化区間が福島に達したのは一九六〇年のことなので、福島～米沢間の電化がいかに早かったかがわかるだろう。

電気機関車も勾配用に開発された車両が板谷峠に投入された。ＥＦ15形に回生ブレーキを追加したＥＦ16形。ＥＦ64形が最初に運転したのも板谷峠である。ＥＦ64形は中央本線用に開発されたと認識している人もいるかと思うが、最初に走ったのは奥羽本線であった。一九六八年には交流電化に改められ、ＥＤ78形、ＥＦ71形が投入されるが、これらも板谷峠専用といえる機関車だった。

現在では電気機関車、電車のブレーキとしては当たり前になったものに「電力回生ブレーキ」がある。これは制動時に車輪の力でモーターを回し、発電した電気を架線を通じて他の力行している列車などに負荷させることで制動力を得るもので、現在ではこうすることによって省エネルギーを達成している。

こういった技術が生まれた背景には、板谷峠の急勾配が深く関わっている。連続した急勾配を下る際、車輪にブレーキシューを押しつけるブレーキを使用すると、ブレーキシューが摩耗し、すぐに使用できなくなってしまう。そこで列車を停車させるブレーキとは別に、速度を抑える抑速ブレーキとして、制動時はモーターで発電し、その電気を抵抗に通して熱として放出していたが、後に効率のいい回生ブレーキが発達したのである。

11 JR東日本「気仙沼線」津波被害いまだ……、BRTで急場しのぎ

震災から五年を経た現在でも、JR東日本の常磐線、気仙沼線、大船渡線、山田線の一部区間が不通のままであり、復旧の見込みすら立っていない区間が多い。

常磐線に関しては福島第一原子力発電所の原発事故の影響だが、気仙沼線、大船渡線、山田線に関しては津波で線路、路盤、駅などが流出している。大きな堤防などを造り、震災以前と同じ場所で街を復興させるのか、あるいは街そのものを高台に移転させるのかなどの全体計画がまとまっていないため、復旧にはかなりの時間を要するだろう。

そんななか、気仙沼線と大船渡線の不通区間では、線路だった場所を仮のバス道として活用している。BRT（Bus Rapid Transit、バス高速輸送システム）と呼ばれている。専用道を走るので、一般のバスに比べて渋滞などの影響を受けることが少なく、定時運行が可能というわけだ。

ただし、BRTは世界で活用されているものの、本来は交通渋滞などが激しい都市において、専用道を連節バスなどを多く走らせることで、多くの利用者をさばくという意味があり、三陸での例はかなり特殊なことではある。

鉄道会社では、自然災害などで長期にわたって鉄道が不通になる場合、代行バスを走らせるケースはよくある。その場合は、地元の貸切バスなどをチャーターして運行することになる。しかし、気仙沼線と大船渡線のBRTは、運行が長期になることや、専用道を走るなどの理由からJR東日本がバスを運行している。

気仙沼線に乗るには、仙台から東北本線を小牛田で下車し、そこから石巻線を通って、前谷地という小さな駅からが気仙沼線となる。小牛田から四〇分ほどで現在の鉄道の終点である柳津に到着する。これから三陸海岸に沿うというところで、鉄道は終点になってしまうのだ。駅前には赤いバスが待っていて、これが鉄道の代わりにJR東日本が運行しているバスである。BRTといっても車両そのものは一般の路線バスと同じである。新車を導入したので、環境に優しい電気ハイブリッド車である。

乗車して気づくのは、BRTといっても、バス専用道を走るのは全体の半分にも満たない区間で、そのほかは通常の路線バス同様に一般道を走る。しかし、かといって一般道が混雑しているという雰囲気はなく、バスはすいすい走り、渋滞につかまることはない。強いていえば、気仙沼が近づくと車が多くなる程度のことだ。

専用道は入口に遮断機があり、JR東日本のこの路線用のバスが近づいたときだけ、遮断機が上がる仕組みになっている。路線バスであっても、他社のバスや貸切観光バスが通

BRT専用道の入口には遮断機。JRバス以外は入れない

れるわけではない。そのため、専用道に入ると鉄道と同じ気分で、並走する車もなければ信号もない。「もっとスピードを出せるのでは」と思うほどに、バスにとっては恵まれた環境になる。しかし、問題もあり、もともと単線だった鉄道敷地をバス道にしているため、バス同士がすれ違う幅はなく、ところどころに設けられた行き違い施設で対向バスとすれ違うことになる。バス道になっても単線鉄道と同じことをやっている。

BRTはあくまでも急場しのぎで、最終的には鉄道の復旧が待たれるところだが、その目途は立っていない。震災を機に、仙台などの都会に生活の場を変えた住民もいるわけで、バスでも全員が楽に座れる程度しか需要がなく、このまま鉄道が再開されなくなってしまうのでは、という心配もあるだろう。

いっぽう、前にも述べたが、宮古〜釜石間の不通が続いている山田線は鉄道復旧の目途も立っていない上、BRTなどの計画もない。JR側はBRTの提案をしたようだが、地元はBRTを受け入れてしまうと、鉄道再開の道が遠くなるという思いがあるのだろう。

山田線の不通区間は、もともと路線バスも走っており、船越駅を境に、北は岩手県北自動車、南は岩手県交通の路線バスがほぼ線路と並行に走っている。そのような地域に、系統の異なるバスがもう一本走っても、客の奪い合いになるだけで意味はなさそうだ。

ローカル鉄道ひとつをとっても、東日本大震災は、三陸地方に大きな災害の爪痕を残している。

12 JR東日本「只見線」四季折々の景色が美しい秘境路線

日本一の秘境路線と呼ばれるのが、福島県と新潟県にまたがるJR東日本只見線である。沿線の自然は美しく、新緑、盛夏、紅葉、雪景色と四季折々の車窓が旅人の目を楽しませてくれる。ただ、「秘境」と呼ばれる路線は全国にもある。それなのになぜ只見線は誰もが認める秘境路線なのだろうか。それには理由がいくつかある。

ひとつは、只見線が開業した経緯による。只見線は福島県の会津若松と新潟県の小出を結んでいるが、一気に完成したわけでなく、徐々に線路を延ばして一本の線路につながっている。福島、新潟も県境部分は、長い距離にわたって沿線人口の少ない自然のなかを只見川に沿って走る。人口のきわめて少ない地域に線路を通すことができたのは、当初、この地に田子倉ダムを建設するための資材輸送という目的があったからだ。沿線に集落のない未開の地を線路が進んだ。

もうひとつ、只見線が秘境路線でいられる大きな理由がある。国鉄末期に国鉄赤字ローカル線が廃止候補となり、そのなかで地元が運営してでも残したい路線だけが、第三セクター鉄道となった。只見線も利用者が少なく廃止候補となるはずだったが、代替交通手段がないという理由で廃止を免れている。冬期は並行する道路が豪雪で通行止めになるため、只見線が唯一の交通手段だったのである。多くのローカル線が廃止になるなか、只見線は利用者数が少ないのに存続できたのである。

このような経緯もあって、日本一の秘境路線といわれるようになった。

しかし、只見線は現在、鉄道だけでは両県を行き来することはできない。二〇一一年の新潟・福島の豪雨で複数の橋が流出するなどの被害を受け、五年以上経た現在も復旧作業

只見川に沿う自然が美しい只見線の車窓

すらはじまっていない。復旧には、八五億円以上の巨費と四年の歳月が必要で、採算の合わないローカル線の復旧は手つかずのままになっている。現在は、会津川口～只見間が代行バス運行である。

同じJR東日本管内に岩手県の岩泉線というのが過去にあり、やはり秘境を走るローカル線として知られていたが、自然災害によって運休になり、復旧されることなく廃止になった。只見線の地元でも、「このまま廃止になるのでは」と危機感を持っている。こういった、自然災害によって運休になり、そのまま廃止になったケースは九州の宮崎県にもあり(第三セクター高千穂鉄道)、採算の合わない地方ローカル線は「災害で壊れたらおしまい」という危険をはらんでいる。岩泉線も高千穂鉄道も盲腸線であったが、只見線の場合は福島と新潟でつながっていなければ意味がなく、何とか復旧の道はないものかと思う。

こんな只見線をよく知るには、何といっても乗ってみることである。幸いなことに、日本一の秘境路線であるにもかかわらず、東京から日帰りで楽しめる。しかも、早朝から深夜まで列車に乗りっぱなしにはなるが、普通列車だけでもたどることができ、「青春18きっぷ」などで東京から日帰り可能である。意外にも日本一の秘境路線は東京から近いのだ。

上野から高崎、水上、小出とたどり、小出から只見線に乗車、只見〜会津川口間は代行バスを利用、会津川口〜会津若松〜郡山〜黒磯〜宇都宮〜上野とたどる。もっとも秘境路線を感じるのは会津川口〜会津若松間で、人里離れた山間を只見川に沿って国鉄時代からのディーゼルカーが行く。意外にもワンマン化などはされておらず、沿線の景色と相まって昭和の香り漂う田舎旅ができる。「日本でもまだこんな汽車旅ができる」「そういえば昔はこんなところが多かった」と思うような旅が満喫できるはずである。

第2章　関東・甲信越

13 第三セクター「ひたちなか海浜鉄道」私鉄から第三セクターへ

東京から常磐線に乗ると、水戸の次の駅は勝田駅である。その勝田から、ひたちなか海浜鉄道という路線が出ている。昼間の列車は、ワンマンのディーゼルカーが一両で運転する典型的な単線非電化のローカル線である。沿線でもっとも中心街となる那珂湊を経由して、太平洋にも近い阿字ヶ浦に達する。

阿字ヶ浦駅は海水浴場に近く、夏は近隣からの海水浴客で賑わう地である。私は幼少時を福島県で過ごした。福島県民にとってはこのあたりが海水浴の定番の地であった。

起点となる勝田駅は、以前、この地が「勝田市」という地名だったためだが、一九九四年に勝田市と海沿いの那珂湊市が合併して「ひたちなか市」となった。

もともとは茨城交通という私鉄が運行していて、現在は水戸市などに路線バス、東京への高速バスなども運行している。

JRが国鉄時代だった頃は、海水浴シーズンに上野から常磐線を経て、茨城交通湊線に乗り入れ、阿字ヶ浦までを直通するキハ58系によるディーゼル急行「あじがうら」が運転していた。その当時、上野から水郡線直通の急行「奥久慈」もあり、東京から茨城への観

ひたちなか海浜鉄道。旧国鉄時代の車両も走る

光客は現在よりずっと多かったのではないかと思う。

しかし、日本の地方私鉄はどこでもそうだが、地方へ行くほど車社会の影響が大きく、移動手段はマイカーとなった。地方鉄道の利用者の多くは地元高校生などの通学生、お年寄りなど、いわゆる交通弱者の通院などの手段に限定されるようになる。さらに、少子化や人口減少などの影響で、通学する高校生も減り、鉄道の維持は難しくなっている。

茨城交通は二〇〇五年、鉄道運行を二〇〇八年で廃止する意向を示したが、利用者が少ないとはいえ、せっかく敷いてある線路を廃止すると、二度と鉄道が通ることはなくなってしまう。そこで二〇〇八年、ひたちなか市と茨城交通がほぼ半分ずつ出資する第三セクターひたちなか海浜鉄道となって再出発したのである。

第三セクター鉄道というと、旧国鉄だったローカル線が、不採算を理由に国鉄やJRから切り離され、自治体や地元企業が運営するようになった路線を思い浮かべがちだが、地方私鉄から第三セクター化された鉄道もあるのだ。

こんな「ひたちなか海浜鉄道」、鉄道ファンの間では隠れた人気路線となっている。現在となっては貴重な国鉄型ディーゼルカー、廃止となった第三セクター三木鉄道のディーゼルカー、それにJR東海や東海交通事業城北線を引退したディーゼルカーが運行されているからだ。国鉄型車両は、国鉄時代を彷彿とさせるノスタルジックなデザインが施されているほか、三木鉄道車両も当時のデザインで運行している。

東京から楽に日帰りでき、国鉄時代のディーゼルカーなどが楽しめるので、茨城に行って昭和の時代にタイムスリップしてみたいものである。

週末の国鉄型車両の運行情報は、「ひたちなか海浜鉄道」の公式ホームページに掲載されているので参考にするといいだろう。

14 JR東日本「烏山線」日本で初めて蓄電池電車が実用化

東北本線宇都宮から二駅ほど行った宝積寺から、烏山まで、烏山線という単線非電化の短いローカル線が出ている。

烏山線は何の変哲もない地方ローカル線だが、ユニークで、しかも先進的な車両が走るようになったことで鉄道ファンには知られている。基本的には非電化の路線なのでディーゼルカーで運行され、時刻表に表示されている列車番号末尾も、ディーゼルカーで運行することを意味する「D」と記されているが、一部の列車が電車を意味する「M」となっている。電化していないのに電車が走るとはどういうことか。

烏山線では二〇一四年から日本で初めて蓄電池電車が営業運行を行っている。この電車の愛称は「アキュム」で、外観は屋根上にパンタグラフがあり、通常の電車とほとんど同じである。宇都宮を出発すると、宝積寺までは電化されている東北本線を行くので、通常の電車同様にパンタグラフを上げて走る。パンタグラフから集電した電気でモーター駆動するとともに、リチウムイオン電池に充電も併せて行う。宝積寺から非電化区間となるため、パンタグラフを下げて電池に貯めた電気でモーター駆動する。電車としてのシステム

パンタグラフを下げて走行する電車「アキュム」

は通常の電車とほぼ同じで、VVVFインバーター制御によって交流モーターを駆動、制動時には車輪の力でモーターを回し、モーターで発電した電気もリチウムイオン電池に蓄積する。終点の烏山駅には充電設備があり、折り返し時間に急速充電も行う。

従来、電気を蓄積することは効率が悪く、まして電車のような大電流を必要とするものには向いていない。充電によってまかなえるのは、車内照明の電源くらいであった。

しかし、身の回りのもので考えてみよう。従来から乾電池にも充電式のものはあったが、通常のアルカリ乾電池などに比べてパワーは弱かったし、持ちも悪かった。だが、現在では高性能の充電式電池が普及している。

電気の蓄積技術が発達し、家庭のソーラー

システムやハイブリッド式の乗用車が普及し、鉄道の分野でも走行用の電気を貯められる時代になったのである。

烏山線は全線で二〇・四キロメートルと、比較的短い路線だったため実現したが、今後、技術革新が進めば、もっと長距離の路線を一回の充電で走行できる蓄電池式電車が走る時代がやってくるかもしれない。事実、二〇一七年からJR東日本では、秋田県の男鹿線でも烏山線同様の仕組みを持った蓄電池式車両を走らせる予定だ。烏山線との大きな違いは、烏山線が直流式に対し、男鹿線では交流式の蓄電池式電車になることである。JR他社でも導入予定で、JR九州筑豊本線は一部電化、一部非電化路線となっているが、電化していない折尾〜若松間に蓄電池電車を走らせる計画である。

実は、蓄電技術の進歩は鉄道車両のスタンダードに大きな影響を与えていて、烏山線の充電式の電車に限らず、ディーゼルカーながら、ディーゼルエンジンを駆動用には使わず、発電用として使い、ディーゼルカーなのにモーターで駆動するという車両も実用化されていて、この車両でも蓄電池が大きな活躍を果たしている。

電気を貯める技術の進歩が、鉄道車両の常識を変えつつあるのだ。

15 JR東日本「東北本線」都会を引退した通勤電車が地方で活躍

ＪＲ東日本のローカル線は年々旅情が失われている。その大きな理由に、ローカル線で使われている車両に原因がある。たとえば、東京から北へ向かう東北本線は、多くの列車は宇都宮が終点で、宇都宮発の列車は黒磯まで向かう。東北本線は宇都宮までは関東平野を突っ走るが、宇都宮から先は山が近くなり、左車窓に那須連山を遠望しながら走る。

東北本線の車窓は、宇都宮を過ぎると都会とは少し違った景色になってくるのだが、車両がよくない。窓に背を向けて座る「ロングシート」という座席スタイルで、天井には所狭しと吊革が並ぶ。都会を走る通勤電車と何ら変わらない車両だ。乗客の半分以上を立って乗せることが前提の車両で、旅気分には程遠い。都会の電車と違うところといえば、トイレがあり、ドアを自分で開け閉めするボタンがドア横についているくらいである。

ＪＲ各社によっても状況は異なるが、年々都会と同じような車両が地方に進出し、ローカル線風情は失われつつある。「車窓の景色や雰囲気はいいのに、車両がそぐわない」という路線が多いのだ。

ＪＲ東日本では、その原因のひとつに、都会で第一線を退いた車両が地方で第二の活躍

東北本線宇都宮〜黒磯間を運行する元京葉線の車両

をすることが挙げられる。前述の東北本線宇都宮〜黒磯間を走る車両は、京葉線や横浜線で活躍した205系車両が中心で、トイレやドアを乗客が開け閉めできるボタンを追加するなどの改造を施して使っている。205系は一九八五年から山手線で運転され、二〇年間にわたって活躍し、二〇〇五年に山手線から姿を消した。その他、東京の多くの路線で活躍したが、すでに都心では見かけることはなくなった。

都会では、通勤時の混雑対策が大きな課題で、新型車両では何センチ何ミリという数値ではあるが、車体幅を広げてラッシュ時の対策を行っている。また、新型車両はVVVFインバーター制御、電力回生ブレーキなど、省エネも進んでおり、列車密度が高い通勤線区ではその効果も大きい。そのため、従来の車両は、まだまだ使える状態であるにもかかわらず、都会の路線から引退となる。

このようなことから都会で活躍した車両が引退しても、そのままスクラップになることは少なく、前述の205系でいえば、東北本線をはじめ、日光線、川越線、八高線、武蔵野線、南武線、鶴見線などで第二の活躍を果たしている。

みなさんのなかには、「確かにこれらの路線では、山手線と同じ車内設備の車両が走っている。しかし、先頭車両の形状が山手線とは違う」と思っている人もいるだろう。先頭車両の形状とは、車両の前面、つまり車両の顔にあたる部分だ。確かにこれらの線区のなかには、山手線時代とは異なる顔の車両も数多くあるが、これには理由がある。

205系電車は、山手線では一一両編成、京葉線では一〇両編成で走っていて、その一一両、または一〇両に対して先頭となる車両は前後の二両だった。ところがローカル線では一〇両もつなげて走ることはない。東北本線の例でいえば五両編成、鶴見線に至っては三両編成である。そのため、山手線から地方に転出した際、先頭車両が足りなくなり、中間車両の一部を先頭車両に改造して運転している。その際、オリジナルとは異なった形状になることが多く、電車の印象が変わってしまうのだ。

山手線に限らず、千葉の房総や銚子地区で運転されている車両は、おもに元京浜東北線である。京浜東北線を運転していた209系の場合は、一部の座席形状を変え、京浜東北線時代にはなかったトイレも追加して運行している。

いずれの車両も都会を運行していた頃は、毎日満員の乗客を乗せていたが、地方ローカル線ではそのような混雑はなく、昼間などは田園風景をまばらな乗客を乗せてのんびりと走っていて、都会時代とはかなり変わった印象となった。しかし、このような構図から、地方線区でもドアの多い通勤車両が幅を利かせるようになり、旅情が失われてしまっているのである。

16 第三セクター「わたらせ渓谷鐵道」鉄道ファンも注目のトロッコ列車

わたらせ渓谷鐵道は、その名の通り渡良瀬川に沿い四季折々の美しい車窓が楽しめる路線である。そして、その車窓を満喫できるトロッコ列車「トロッコわたらせ渓谷」が走ることで知られている。紅葉シーズンの週末などは、予約しないと乗車できないほどの人気で、東京で「トロッコ列車」というと、このわたらせ渓谷鐵道が一番に頭に思い浮かぶほど知名度が高くなった。

また、このトロッコ列車は鉄道ファンにも人気の列車である。全国に数あるトロッコ列車の多くは、ディーゼルカーの壁をくり抜いたような車両が多いが、わたらせ渓谷鐵道は国鉄型ディーゼル機関車が客車二両とトロッコ車両二両、計四両を引っ張り、終点駅では機関車を反対側につけ替え、常に機関車が先頭となって走るという本格的な客車列車だからである。そのため、被写体としても人気になっているほか、国鉄時代の客車列車を彷彿とさせる魅力があるのだ。二両の客車は国鉄12系客車を譲り受けたもので、一九七〇年の大阪万博の臨時列車用に導入されたものであった。

わたらせ渓谷鐵道は、群馬県と栃木県にまたがる路線で、東京から東武鉄道などを利用すれば、日帰りでトロッコ列車が楽しめることから、人気が人気を呼び、二〇一二年にはディーゼルカーのトロッコ車両も新調された。そして、一日に機関車が引くトロッコ列車一往復、ディーゼルカーのトロッコ列車が最大三往復するようになった。従来のトロッコ車両は窓がなく、荒天の場合は二両の客車に避難することになるのだが、新型のトロッコ列車には窓も備えられ、冬季も運行可能となった（本当は窓などないほうがトロッコ列車らしいのだが）。

現在では、トロッコ列車はわたらせ渓谷鐵道の稼ぎ頭といえ、この鉄道の保有する車両

渡良瀬川に沿うように進むわたらせ渓谷鐵道

は二〇両にも満たないのに、そのうちの七両がトロッコ関係となった。

わたらせ渓谷鐵道は元国鉄足尾線である。足尾銅山の閉山などから利用者が減少し、不採算路線として地元が引き継ぎ、群馬県、関係市町村、地元企業が出資する第三セクター鉄道となった。ＪＲにも採算性の悪いローカル線は多いが、ＪＲの場合、幹線の利益でローカル線も維持することができるが、不採算のローカル線だけで経営を成り立たせなければならない第三セクター鉄道は、そもそも黒字経営は難しく、赤字は地元が補塡するしかない。

現在、国鉄がＪＲに転換された時代よりも、さらにマイカーが普及したほか、過疎化、少子化などで利用者は減るいっぽうである。沿線人口が減少しているので、どれだけ利用を呼び掛けても限界があり、地元利用者だけでは成り立たず、都会の人に来てもらうしかない。これは地方鉄道共通の課題である。

そこで、沿線に渡良瀬川の美しい景観があることからトロッコ列車に再生を賭けた。同じようなことは、地方の第三セクター鉄道には多くある。茨城県から栃木県にかけての第三セクター真岡鐵道では、川に沿うような美しい車窓はないものの、SL列車運転で有名になった。千葉県の第三セクターいすみ鉄道は、JRから購入した国鉄型ディーゼルカーで人気となっている。いすみ鉄道では、「沿線風景がムーミン谷に似ている」というかなり苦しい理由ではあるが（車窓から眺められる沿線に、ムーミンのキャラクターを並べたムーミン谷がつくられている）、ムーミン列車も走らせている。どの鉄道会社も、「都会の人に来てもらおう」と必死であることが伝わってくる。

このようなことから、近年の傾向として、JRのローカル線はそこまで必死になる必要はなく、第三セクター鉄道は、何とかして利用者を増やさなくては存続が危ぶまれるということから、特徴ある車両や列車が多くなっている。

17 京成グループ「舞浜リゾートライン」車掌だけ乗務する異色のモノレール

日本には「モノレール」が何ヵ所か運行されている。もっとも知名度が高いのは羽田空港へ向かう東京モノレールであろう。「モノレール」の「モノ」とは「モノラル」「ステレオ」などの「モノ」と同じ意味で、単一という意味があり、一本のレールで走行するという意味である。

モノレールには一本のレールにまたがって運行する跨座式と、一本のレールにぶら下がって運行する懸垂式がある。東京モノレールほか、多摩都市モノレール、大阪高速鉄道（通称大阪モノレール）などは前者、後者の懸垂式には千葉都市モノレールや湘南モノレールがある。跨座式のほうが、施設の構造が単純で建設が比較的容易であるのに対し、懸垂式はレールを支える柱が施設する敷地の横、または両側に必要なので、工事が大掛かりになる。しかし、モノレールの走る直下が空間として残るため、直下を道路などにできる利点がある。また、跨座式、懸垂式ともに、鉄道に比べると、急カーブや急勾配に強いので、密集地においても比較的敷地の確保がしやすいという利点がある。

日本で最初の交通機関としてのモノレールは、浜松町と羽田空港を結ぶ東京モノレール

舞浜リゾートラインはれっきとした交通機関

で、一九六四年の東京オリンピックに合わせて開業している。日本でもっとも長い距離のモノレールは大阪高速鉄道で、総延長二八・〇キロメートルあり、一時期、世界最長でもあった。

日本の技術は世界にも輸出されており、中国の重慶では大阪高速鉄道そっくりの車両が走り、その重慶に世界最長のモノレール路線の座を譲っているほか（八三・八キロメートル）、マレーシアのクアラルンプールのモノレールも建設している。

こんなモノレールであるが、千葉県に一風変わったモノレールがある。舞浜リゾートラインは、JR京葉線舞浜駅前から、東京ディズニーランドや東京ディズニーシーなどを回る一周五・〇キロメートルの路線で、跨座式のモノレールである。いわゆる遊園地の乗り物などではなく、れっきとした交通機関で、定期乗車券もある。

　このモノレールのどこが変わっているかというと、サークル状の路線は反時計回りの一方通行、時計回りはなく、単線の運行となっている。さらに、ユニークなのは、運転士の乗務しない自動運転ながら、車掌は乗務しているという点だ。通常の鉄道だと運転士と車掌が乗務し、ワンマン運転の場合は運転士がドア操作なども行う。しかし、ここでは運転士がおらず、運転は機械に任せ、車掌がドア操作を行う。東京ディズニーランドや東京ディズニーシーは来場者が多く、普段このモノレールに乗り慣れていない人の利用が多いので、安全面などから車掌が乗務しているのであろう。

　運転士がいないので、モノレールの最前部は展望席になっている。反時計回りにしか運転されないので、このモノレールは折り返し運転がなく、進行方向が一定しているので、このようなことが可能になっている。

　舞浜リゾートラインは、東京ディズニーランドを運営するオリエンタルランドの系列で、オリエンタルランドは京成電鉄や新京成電鉄などを傘下にする京成グループに属している。

　ところで、一般的には東京のゆりかもめや神戸のポートライナーを「モノレール」と呼ぶ人も多いが、これらは案内軌条をゴムタイヤ駆動するもので、本当はモノレールではない。では、「ゆりかもめやポートライナーは何と呼べば正しいのか」といわれると、確かに適当な言葉がない。「新交通システム」などと呼ばれることもあるが、何が「新」なのかよくわからないし一般的ではない。そういう意味からは、鉄の線路を走行する乗り物以外を、モノレールと呼ぶのは現実的なのかもしれない。

18 京成電鉄「スカイライナー」日本一速い在来線列車

日本は世界に冠たる「新幹線」を開発し、高速鉄道分野では間違いなく世界最高水準の技術を持っている。

しかし、専用の軌道を走る新幹線以外の最速列車はというと、世界水準からみると速いとはいえず、JR在来線はほとんどが最高時速一三〇キロメートルで、もっとも速い京成電鉄の空港アクセス列車「スカイライナー」が最高時速一六〇キロメートルである。一般に、「高速鉄道」と呼べるのは時速二〇〇キロメートル以上で運転する列車なので、日本には新幹線以外には高速列車はなく、多くの在来線列車の最高時速が一三〇キロメートルというのは、鉄道が速い部類の国には入らないかもしれない。しかし、日本の鉄道技術が低いためでも、日本の多くの在来線鉄道が線路幅の狭い狭軌だからという理由でもない。

在来線で最速の「スカイライナー」

なぜ、多くの列車の最高時速が一三〇キロメートルなのか。それには日本特有の風土というか、鉄道を取り巻く環境がある。日本は踏切が多く、地形の関係でカーブも多く、見通しの悪い路線も多い。そこで、運転士がブレーキをかけて安全に停まれるまでの制動距離を六〇〇メートルとした決まりがあり、そこから逆算すると最高速度は一三〇キロメートル程度となる。「安全に停まれる」というのも重要なことで、急制動すればもっと制動距離は短くなるだろうが、乗客がシートベルトをしているわけでもないのでより安全でなければならない。

一般には速い速度で走ることや急な勾配を登ることは、実はそれほど難しいことではない。むしろ難しいのは、その速い速度から安全に確実に停止することや、急な勾配から安全に確実に下ることとである。

実際、北海道新幹線の開通以前、青函トンネルを運行していたJR東日本の「白鳥」は、国鉄時代からの485系で、製造から三〇年以上を経た車両であるにもかかわらず、最高時速一四〇キロメートル運転を行っていた。車両性能よりも、路線の環境が最高速度を左右する。

在来線の速度が速い中国やヨーロッパでは、意外なほどに踏切が少ない。踏切があるのはスピードを出さない都市部だけで、郊外になるとほとんど踏切がない。

そのため、「スカイライナー」が実際に時速一六〇キロメートルを出せるのは、踏切のない北総鉄道の終点、印旛日本医大から空港第2ビルの間だけである。

かつて、このほかにも新幹線以外に最高時速一六〇キロメートル運転を行っていた鉄道があった。新潟県の第三セクター鉄道、北越急行を運行していた越後湯沢〜金沢間の特急「はくたか」で、この路線は新潟県の山間部を高架とトンネルで越え、両端の駅構内以外に踏切がなく、比較的新しいカーブの少ない路線であった。そのため、単線であるにもかかわらず最高時速一六〇キロメートル運転を行い、越後湯沢で上越新幹線と接続することで、首都圏と北陸の所要時間短縮に貢献してきたのだ。

しかし、北陸新幹線開業後はこの「はくたか」の使命は終わったので、北越急行における最高時速一六〇キロメートル運転は終了している。

19 小湊鐵道　ローカル私鉄が観光列車を運行

千葉県に小湊鐵道というローカル私鉄がある。ローカル私鉄といっても千葉県を代表するバスの運行会社で、地域の路線バスをはじめ、アクアラインを経由し、東京、品川、新宿、羽田空港と房総地区を結ぶ高速バスを数多く運行している。大手私鉄の京成系列である。

そんな小湊鐵道の運行する鉄道は、市原市のＪＲ内房線五井から房総半島内陸の上総中野までの単線非電化の路線である。上総中野では、旧国鉄木原線だったいすみ鉄道に接続するので、五井～上総中野～大原という房総半島横断ルートを形成する西半分でもある。五井から上総牛久までは住宅地も多く、千葉や東京への通勤圏であることから列車本数も多いが、上総牛久から上総中野までは素朴な田舎風景のローカル線で、終点のひとつ手前には養老渓谷という景勝地もある。単線区間の安全確保のため、昔ながらのタブレット交換もみられる。

小湊鐵道はテレビCMなどでよく登場する。東京から近いにもかかわらず、素朴な田舎の風景がたくさん残っているからであろう。電化しておらず、単線で、昔の国鉄車両を思わせるレトロな雰囲気があるからだ。東京から充分に日帰りできる距離にありながら、簡単に昭和の風景が得られるのである。

しかし、小湊鐵道は二〇一五年まで、観光開発に力を入れてこなかった。運行しているディーゼルカーはレトロではあるが、実用一点張りのロングシート車両ばかりであった。ところが二〇一五年、小湊鐵道は初めて観光列車を導入、しかも蒸気機関車風のディーゼル機関車が、トロッコ型の展望車二両を含む四両の客車を引いたり推したりするというユニークな車両を登場させた。既存車両の改造などではなくすべて新調された車両である。

「蒸気機関車風のディーゼル機関車」というと遊園地の乗り物のようにも感じるが、小湊鐵道の歴史は古く、かつてここを運行していたドイツのコッペル（現在はない）製の蒸気機関車を忠実に再現したもので、おもちゃ的な雰囲気はまったくない。往時のコッペルは世界を代表する蒸気機関車メーカーであった。現代のハイテク装備のディーゼル機関車ではあるが、外観は完全な蒸気機関車なのだ。

小湊鐵道ではこの車両を「里山トロッコ」として、上総牛久～養老渓谷間で週末を中心に運行するようになった。東京から日帰りできるわりに、沿線は長閑《のどか》な風景が広がり、レ

小湊鐵道の観光列車「里山トロッコ」

プリカとはいえ素朴な鉄道旅が楽しめる。この区間は各駅に停車するディーゼルカーでは約三五分で走破するが、「里山トロッコ」は里見駅だけの停車なのに約一時間かけて運転する。実際は各駅に一旦停車するのだが（乗降はできない）、ゆっくり運転するのがいい。

小湊鐵道は、上総中野でいすみ鉄道に接続していることは前述の通りである。週末には、いすみ鉄道も国鉄型ディーゼルカーを運転していることで、鉄道ファンには知られている鉄道である。いすみ鉄道とともに、五井から大原へ通り抜ける割引切符「房総横断乗車券」も販売しているので、一日で小湊鐵道といすみ鉄道の双方を楽しむことも可能である。

20 秩父鉄道「SLパレオエクスプレス」東京から気軽に体験できるSL列車

一度は日本の鉄道から姿を消したSL列車だったが、その後、保存運転が行われるようになり、全国でSL列車がみられるようになった。東京から気軽にSL列車が楽しめる鉄道では埼玉県の秩父鉄道がある。東京から楽に日帰りできて、沿線風景も美しく、簡単に郷愁に満ちた汽車旅が可能である。二〇一六年でいえば、四月から一二月の週末を中心に、ちょうど一〇〇日間運転される。

秩父鉄道は、東武鉄道伊勢崎線の羽生《はにゅう》を起点にJR高崎線の熊谷を経て、秩父山系の懐にある三峰口までの路線で、SL列車が走るのは熊谷と三峰口の間である。荒川の源流に沿って運行され、東京から近い埼玉の車窓とはいえ、田舎の素朴で美しい風景のなかを行く。

機関車は亜幹線用C58形テンダー機関車で、客車は12系客車四両、うち一両が指定席、三両は自由席だが、自由席乗車の場合もSL整理券が必要となる。テンダー機関車とは、機関車本体とは別に石炭や水といった燃料を積む炭水車を連結しているタイプで、いわば本格的な機関車である。「テンダー機関車」に相対する言葉は「タンク機関車」と呼ばれ

荒川の源流に沿って進む秩父鉄道。車両は元東京急行電鉄のステンレスカー

るもので、本体と石炭や水を積む部分が一体となっている。

このC58形機関車のメンテナンスも、JR東日本に委託されていて、メンテナンスは高崎で行われている。JR東日本はC57形、C58形、C61形、D51形など多くの蒸気機関車を復元していて、現在となってはSL運転やメンテナンスに関して高い技術を持っており、秩父鉄道の機関車の管理も請け負っているのである。

SL列車は「SLパレオエクスプレス」といい、由来は秩父地方に二〇〇〇万年前に生息していたとされる海獣パレオパラドキシアに因んでいて、沿線の上長瀞駅の近くにある埼玉県立自然の博物館には、骨格復元像が展示されている。しかし、SL列車の愛称としては「SL秩父」とでもしたほうが馴染みやすかったように思えるが……。

また秩父鉄道は、SL列車だけでなく、普通の列車も鉄道ファンに人気がある。すべての列車が引退した私鉄車両で運転されているからだ。東京急行電鉄、東京都営地下鉄三田線だった車両が主力で、このほか、急行のみ元西武鉄道の車両で運転されている。東京では、長い編成に満員の乗客を乗せて毎日酷使されていた車両が、田舎の風景のなか、三両編成でワンマン運転を行っている。私自身も東急沿線に住んでいた経験があるので、秩父鉄道を訪れると、「まだまだ頑張っているな」という気持ちになり、自分への励みにもなるというものだ。

実は、かつては日本の中小私鉄でも自社で新型車両をメーカーに発注し、自社オリジナルの車両を走らせていたものだが、現在の地方私鉄では新型車両の発注というのは少なくなった。とくに「電車」の分野では少ない。

大都市の大手私鉄や公営交通では、通勤時のラッシュ対策、省エネ化などで常に新型車両を導入しており、まだまだ使える車両が余剰となり、中小私鉄はその余剰車両だけで賄えてしまうのである。

21 埼玉新都市交通 誕生の経緯は、新幹線通過による見返り

鉄道には、そこに線路が敷かれた経緯が必ず存在する。それを探ってみるのも興味深い。JR東日本只見線がダム建設の資材輸送のために建設されたことは五二頁に紹介した通りだし、前述の秩父鉄道は沿線の影森駅近くで採掘されるセメント運搬が大きく関わっている。このように、線路の先に都市があって、都市と都市を結ぶためだけに鉄道は発達したのではない。

埼玉県には、都市部にも一風変わった経緯で誕生した鉄道がある。鉄道といってもゴムタイヤ駆動による交通機関であるが、大宮から上越新幹線の高架に沿って運行する第三セクター埼玉新都市交通である。おもに埼玉県とJR東日本の出資で運営されている。

埼玉新都市交通は、現在となってはこの地域の生活や通勤・通学になくてはならない存在となったが、誕生した経緯は、新幹線が通ることによって、その地域が新幹線の高架で分断されてしまうこと、新幹線の騒音など、迷惑の見返りとして建設された。

上越新幹線が計画された一九七〇年代の日本は、成田空港建設の反対運動、伊丹空港の騒音問題、川崎の工場地帯における公害、田子の浦港（静岡県）の水質汚染などがクロー

ゴムタイヤ駆動の埼玉新都市交通。壁の向こうを上越新幹線が併走する

ズアップされた時代である。インフラが急速に整備されてきたものの、住民の生活環境がなおざりにされていたため、各地で新たなインフラ整備に対する反対運動が激しかった。

新幹線建設の見返りに建設されたのは、埼玉新都市交通だけではなく、現在となっては東京への通勤路線としてなくてはならない埼京線も、もとはといえば東北新幹線の建設で、迷惑をこうむる埼玉県の新幹線沿線地区への配慮だった。

そもそも東北新幹線が計画された当時、東北新幹線が通っているルートは市街地化していて、用地確保はかなり難しいとして、地下を通すという案が有力であった。ところが地盤が軟弱なことなどから地下化も難しいとし、新幹線の高架に通勤路線を併設するというやり方での建設が地元に示されたのであった。

こういった経緯があったため、上越新幹線が通る地区にも埼玉新都市交通が誕生した。当初、地元は埼京線をそのまま上越新幹線の高架に沿って北上することを求めたが、需要などの観点から見送られ、規模の小さいゴムタイヤ式の交通機関となった。

日本の新幹線は、在来線とは線路幅の異なる路線を一から造る必要がある。これがヨーロッパや中国、韓国の高速鉄道なら、在来線も標準軌を採用しているので、建設費用のかかる市街地は在来線で間に合わせるところだが、日本ではそうはいかない。

東北・上越新幹線はこうして一九八二年に開通し、その時点では大宮が始発で、上野に達したのは一九八五年、東京に達したのは一九九一年である。市街地を通ることから、現在でも東京〜大宮間は最高時速が一一〇キロメートルに抑えられていて、これでは在来線と何ら変わらぬというか、むしろ遅い速度で、北へ向かう新幹線のスピードアップのネックになっている。

22 東京都営地下鉄「大江戸線」日本で一番地下深くを走行

東京都営地下鉄大江戸線は、他の鉄道路線と違ってリニアモーター駆動を採用している。リニアモーター駆動とは、どんなシステムだろうか。

「リニアモーター」と聞くと、JR東海が品川〜名古屋間に計画している「リニア新幹線」を想像するが、これは磁気の反発力で車体を浮かせて高速走行するもので、「磁気浮上式リニアモーターカー」と呼ばれ、大江戸線のリニアモーター駆動とは仕組みがかなり違う。

では、大江戸線はどういう仕組みで動いているのだろうか。通常の電車はモーターを持ち、その回転力で車輪を回している。そのモーターは、身の回りのものでいえば扇風機やフードプロセッサーなどと基本的に同じである。ところが大江戸線には、この、いわゆる回転するモーターはなく、レールとレールの間に敷き詰めた電磁石と、車両に搭載された電磁石の反発力で走行している。このため、大江戸線の車両は他の路線へ持って行っても走れないほか、ほかの路線の車両を大江戸線の線路にのせてもやはり走れない。大江戸線は、線路と車両がセットで走行システムが成り立っているのである。

都営地下鉄大江戸線は都心をぐるりと「の」の字を書くように運行する

　このような特異な走行装置を持つ大江戸線だが、なぜ通常のモーターではなく、リニアモーター駆動としたのだろうか。その理由は、大江戸線という地下鉄の特異性にある。リニアモーター駆動にすると、床下に通常の電車のようなモーターを装備していないので直径の小さな車輪を採用でき、床下がコンパクトになり、結果として、車両断面が小さくてすむのだ。

　大江戸線は東京で一二番目の地下鉄で、同じ都市に路線が多くなればなるほど、既存の地下鉄のさらに深い地中を掘ることになる。地下鉄の建設費用は地中深くを掘るほど、また、トンネル断面の面積が大きければ大きいほど高額になる。地下深くを掘らねばならなかった大江戸線は、トンネル断面の小さなリニアモーター駆動が採用されたのである。

リニアモーター駆動となれば、特殊な仕組みゆえに既存の私鉄やJR路線との相互乗り入れはできなくなるが、大江戸線には郊外の路線との相互直通運転の計画はなかった。

地上から地下に降りても、改札口、さらにいくつものエスカレーターで地下深くへ行かないとホームに達しない駅が多い。もっとも深いのは六本木駅の一番線で、その深さは四二・三メートルにもなる。マンションなどの集合住宅でいえば、一三～一四階建てに相当するのと同じ高さ分の深さを走っていることになる。そして、一度も地上に顔を出すことはない。

実は、リニアモーター駆動の地下鉄は、近年に開通した路線では多く採用されているシステムである。大江戸線が最初というわけでもなく、もっとも早くこの方式を採用したのは、大阪市営地下鉄長堀鶴見緑地線であった。ほかに大阪市営地下鉄今里筋線、横浜市営地下鉄グリーンライン、神戸市営地下鉄海岸線、福岡市営地下鉄七隈線、そして二〇一五年に開業した仙台市営地下鉄東西線でも採用されている。

大江戸線では東京で一二本目の地下鉄として、地下深くを掘削せねばならず、建設費を安くするためにリニアモーター方式が採用されたが、ほかの都市に関しては、それほど地下深くを走るわけではない路線も含まれており、建設費を抑えられるリニアモーター方式が採用された。横浜市営地下鉄グリーンラインでは、日本で初めてリニアモーター駆動車両が地上を走る区間が現れた。地方では財政が厳しく、トンネル断面が小さくてすむリニアモーター駆動がもてはやされているのである。海外に目を移せば、北京の空港アクセス鉄道のように、ほとんどの区間が地上を走るリニアモーター駆動の鉄道もある。

23 江ノ島電鉄「江ノ電」地元湘南で親しまれるローカル私鉄

東京から気軽に日帰りできて、ちょっと違った鉄道旅ができるのが「江ノ電」こと江ノ島電鉄の旅である。JR横須賀線の鎌倉を起点に、江ノ島を通ってJR東海道本線の藤沢までの一〇・〇キロメートルの路線である。

「江ノ電」は、都会から近いミニローカル私鉄で、かわいらしいイメージが先行するが、小田急系列で、本業はどちらかというと路線バスのほうで、江ノ電バス横浜と江ノ電バス藤沢がこの地域の生活の足として稠密なネットワークを持っている。その小田急電鉄とは、藤沢と江ノ島で接続しているが、江ノ島では小田急電鉄の駅は片瀬江ノ島といい、江ノ島電鉄の江ノ島駅とは徒歩一〇分くらいの離れた場所にある。江ノ島電鉄の江ノ島駅は、大船に通じる湘南モノレールの駅に近いところにあり、小田急電鉄の片瀬江ノ島駅は海に近い場所にある。

車両は二両編成で、しかも全線が単線なので、主要駅で反対列車と行き違いをする。しかし、単線ながら終日一二分間隔ときれいなダイヤで運転されている。朝でも昼でも、そして鎌倉発も藤沢発も毎時〇〇分、一二分、二四分、三六分、四八分に出発するという覚えやすいダイヤである。江ノ島電鉄では、このような覚えやすいダイヤにするため、途中二ヵ所、駅ではないところに信号所と呼ばれる列車の行き違いができる設備を有していて、江ノ島電鉄に乗ると等間隔で反対方向への列車とすれ違って行く。どちらも一二分間隔なので、六分間隔で反対方向の列車と行き違いをする。

しかし、ローカル私鉄といっても都会から近いので、通勤・通学の需要も大きいはずなのに終日二両編成の一二分間隔で大丈夫なのか、と思われる。だが、江ノ島電鉄の車両は、混雑時は二組連結して四両運転となる。ただ、近年はこの地域を訪れる観光客、とくに外国人観光客の増加などから、平日の通勤・通学の時間帯だけでなく四両編成が多くなった。

景色も楽しく、湘南の海に沿ったり、路面を走ったり、急カーブで軒先をかすめて走る。最急カーブは半径二八メートル。小学校や中学校にあるプールが二五メートルなので、この間に電車の向きが直角に変わるのだから、かなりのカーブである。

江ノ島電鉄は路面電車ではないものの路面を堂々と走る区間もある

カーブをスムーズに走行するための工夫もなされていて、江ノ島電鉄の車両はすべて連接車である。連接車とは、車両と車両の連結部分に台車があることで、台車の間隔が均等になるのでカーブの通過がスムーズになる。そのため、二両編成が基本と述べたが、その二両は一両に切り離すことができない。

江ノ島電鉄は、京都の嵐電とこ京福電気鉄道と姉妹提携を行っていて、ともに大都市の近くにあり、乗って楽しめる観光路線のミニ電車というイメージがある。近年は、台湾鉄路局の平渓《へいけい》線とも友好鉄道協定を結んだため、台湾でも知名度が上がっている。平渓線も台北から日帰りできる手軽な観光路線ということで、江ノ島電鉄と共通点が多いのである。

台湾は、日本に負けないくらい鉄道趣味が浸透しているので、台湾人観光客も江ノ島を多く訪れているのである。

江ノ島電鉄の旅には、一日乗車券「のりおりくん」が最適である。沿線には鎌倉の大仏様もある。週末に鎌倉、江ノ島の旅はいかがだろう。

24 箱根登山鉄道 日本唯一の登山鉄道が走る

日本にはたくさんの鉄道があるが、「登山鉄道」と名がつくのは箱根登山鉄道のみである。ラックレールを使ったり、ケーブルで引っ張ったりする鋼索鉄道（ケーブルカー）の特殊な仕組みを使わず、鉄のレールと鉄の車輪の摩擦だけで上り下りする鉄道としては、日本最急勾配（八〇パーミル）を進む鉄道である。カーブも急で、半径三〇メートルという直角に近い曲がり方をする。

箱根登山鉄道は小田急グループに属しているので、路線は小田原から強羅《ごうら》までだが、実質的な区間は箱根湯本から強羅までで、小田原〜箱根湯本間は親会社の小田急電鉄の車両で運転する。小田急電鉄と箱根登山鉄道では線路幅が異なるのである。以前は、箱根登山鉄道の車両も小田原を始発にしていた。かつては小田原〜箱根湯本間は三線軌条といって

箱根湯本駅を出発する箱根登山鉄道。80パーミルの上り勾配に差し掛かる

線路を三本敷き、どちらの車両も走れるようになっていた。しかし、現在は小田原〜箱根湯本間は狭軌、箱根湯本〜強羅間は標準軌のみの線路となっているので、標準軌の箱根登山鉄道の車両は小田原まで来ることはできなくなっている。自社の車両が自社の始発駅まで来られないという妙な形態である。

登山鉄道らしく線路が険しくなるのも箱根湯本を過ぎてからで、三回のスイッチバックで進行方向を変えながら箱根の山をよじ登る。三回のスイッチバックのうち一回は大平台という駅で進行方向が変わるが、二回は信号場と呼ばれる駅ではないところで向きが変わる。

八〇パーミルというのはかなりの急勾配、

鉄の車輪で登るには限界に近い勾配である。仮に新幹線車両でたとえると、新幹線は一両が二五メートルの長さなので、一両の端から端まで歩くと二メートルの高低差があることになり、歩いたとしてもかなりの坂道である。箱根駅伝では「心臓破りの坂」といわれるが、その道に沿っているので、鉄の車輪で走る列車にはかなりの勾配なのだ。

しかし、電車にとって急勾配は、登ることよりも安全に下るほうが難しい。急勾配を登るためにも強力なモーターが使われていそうだが、特殊な装備はブレーキ関係に集中している。新幹線も高速で走ることよりも、その高速運転から安全に停止するほうが難しいといわれる。登山鉄道でも同じようなことがいえる。もし、ブレーキが故障したら、ということを考えると大事故につながる。そこで、ブレーキは四重系統が用意されている。

モーターを発電機として利用する電気ブレーキ、圧縮空気で車輪にブレーキシューを押しつける空気ブレーキ、非常時に手動でハンドルを回してブレーキシューを作動させる手ブレーキ、さらに圧縮空気で石をレールに押しつける圧着ブレーキというものを装備している。箱根登山鉄道の車両は、少しミニサイズのかわいらしい車両が多いが、実は重装備で、多くの機器を備えているのである。

急カーブに対応する特殊な装置もある。通常車両は、急カーブの多い路線では車輪の摩耗や軋み音を防ぐために油を塗りながら走り、レール塗油装置が装備されている。しかし、箱根登山鉄道は勾配が急なため、その油でスリップする可能性があり、油の代わりに水を撒いて走っている。車端部分に水タンクがあり、終点駅では、そのタンクに給水する場面がみられる。この散水用の水は箱根の湧水が使われているそうだ。

25 富士急行　人気上昇中のローカル私鉄

近年、大都市の電車は入れ替わりが激しい。次々に新車が導入され、新車になるたびに省エネ化が進んでいるほか、保安装置や予備の機器が充実してきている。

都会では、数々の路線が輻輳《ふくそう》して巨大な鉄道ネットワークが形成されている。ひとつの列車が故障などで立ち往生すると、広範囲に影響が広がってしまうからだ。たとえば、近年は都心を行く電車に下げたままのパンタグラフをよく目にするが、あのパンタグラフは予備なのである。

では、新車が導入されて不要になった車両はスクラップにされるかというと、そういったケースは少ない。JRでいえば、東京で活躍していた一時代前の電車は改良されて周辺地域や地方で運行している。改良というのは、たとえばトイレを設置したり、ドアを開閉する乗客用のボタンを設置したりする程度のことである。JRの一時代前の車両が地方私鉄に譲渡されるケースもある。

大手私鉄でも同様で、おもに地方私鉄に譲渡される。地方私鉄で運転されている電車は、元大手私鉄車両なのである。ただし、地方私鉄のなかには電化されていない路線や、元国鉄路線だった赤字ローカル線を地元が受け継いだ第三セクター鉄道も多いが、都会のJRや大手私鉄から放出されるのは、電車であってディーゼルカーはない。そのため電化していない鉄道では、新車を導入するケースが多い。幸いディーゼルカーには、非電化ローカル線用のレディメードの普及品があり、各鉄道会社は既製品ともいえる車両を導入している。

富士急行の車両。右が元小田急電鉄の特急、左は元京王電鉄の通勤電車

そんななかで、大手私鉄やＪＲの特急電車を導入している地方私鉄もある。おもに観光路線を有する私鉄だ。長野電鉄では、小田急電鉄ロマンスカーだった車両を導入し、特急「ゆけむり」として運行。さらにＪＲ「成田エクスプレス」だった車両も導入し、特急「スノーモンキー」として運行させている。ロマンスカーは前面展望席、「成田エクスプレス」では個室が自慢の車両であったが、これらも健在である。富山地方鉄道では西武鉄道「レッドアロー」や京阪電気鉄道の二階建て車両を、静岡県の大井川鐵道では近畿日本鉄道の特急用だった「スナックカー」を導入している。

こういった地方私鉄の観光特急で人気

上昇中なのが、山梨県の富士急行である。小田急電鉄とJR東海がかつて新宿〜沼津間に運行していた特急車両「あさぎり」を「フジサン特急」「富士山ビュー特急」として運行している。

富士急行は、JR中央本線大月から出ている私鉄で、大月から徐々に高度を上げ、その名も富士山という駅（旧 富士吉田駅）で進行方向を変えて河口湖に至る路線である。電化しているものの単線の地方ローカル私鉄で、「フジサン特急」といっても、途中で普通列車を抜き去るといったダイヤではない。普通列車に比べて停車駅が少なく車両が豪華というだけではあるが、かつて小田急線を長い編成で疾走していた特急車両が、山間の単線の線路を三両編成でガッタンゴットンと走る姿は、鉄道模型のような感覚で楽しい。

富士山や富士五湖方面へ向かうには、新宿から高速バスを利用するのが手っ取り早く、運賃もリーズナブルなのだが、富士山の世界遺産登録でこの地域の人気そのものが上がっているため、近年は富士急行を利用する観光客が多く、外国人観光客も目立つようになった。週末を中心に新宿から河口湖まで直通するJR列車もあるほか、やはり臨時運転ながら、成田空港から「成田エクスプレス」まで乗り入れるようになった。

東京から日帰りでも楽しめるので、思い立った週末にでも訪ねてみたい。

26 JR東日本「篠ノ井線」日本「三大車窓」のひとつ、善光寺平の風景

誰が決めたか知らないが、古くから「日本三大車窓」といわれるものがある。北海道の根室本線が石狩地方と十勝地方に分かれる狩勝峠、長野県の篠ノ井線から眺める善光寺平風景、そして肥薩線が熊本県から宮崎県をかすめて鹿児島県に至る通称矢岳越えの風景である。どの車窓も地域を分ける区間で、車窓に大パノラマが広がるという共通点がある。鉄道沿線の風景は数多くみてきたが、三区間とも景色がいいことは確かで、「日本三大」に異論はない。ただし、海岸沿いを行く車窓は数えられていないので、「日本三大パノラマ車窓」といった感じもする。

三大車窓のなかで、東京から手軽なのが篠ノ井線から眺める善光寺平の車窓である。新幹線や特急を使わずに、普通列車だけでも東京から日帰りできるので、「青春18きっぷ」の一日分の乗り鉄旅にもピッタリである。

普通列車で善光寺平の車窓を楽しむには、中央本線を松本経由でたどることになる。早朝に東京を出発すれば、高尾と八王子から二本の松本行き普通列車がある。これらの長距離鈍行列車は、週末ともなると沿線の山々へ出かけるハイカー御用達の列車となる。

そもそもこのルートは、善光寺平のみえる区間まで行かなくても車窓の美しい路線である。中央本線が都会の風景を走るのは高尾までで、高尾を出ると車窓は一変し、険しい山のなかへと入っていく。電車はモーターを唸らせて山を登り、長いトンネルが多くなる。東京から近いわりに意外と深い山のなかを行く。

東京からの主要路線は東海道本線、高崎線、東北本線、常磐線など、どの路線をたどっても関東平野を行くので車窓に変化が乏しいが、中央本線だけは山の懐へと入り、車窓が変化に富んでいる。

富士山や富士五湖方面へのハイカーが大月で降りても、なお車窓は山のなかである。笹子峠をトンネルで越えると、甲府盆地へと降りて行く。勝沼ぶどう郷駅からは、甲府盆地が一望でき、車窓が美しい場所としては知られていないが、三大車窓に負けず劣らず大パノラマである。甲府を過ぎても、小淵沢あたりからは高原ムードとなり、右車窓に八ヶ岳、左車窓には富士山の北側が望め、「富士見」という駅もある。

こうして、三時間以上をかかって松本に到着する。始発の高尾発松本行き普通列車を利用すれば、始発の特急「スーパーあずさ」に抜かれることなく松本に到着できる。意外にも松本に一番早く到着できるのは、特急ではなく普通列車なのである。

松本からは篠ノ井線の列車に乗り換える。松本を出ると、中央本線の特急名ともなって

篠ノ井線姨捨駅のホームから善光寺平の景色が一望できる

いる梓《あずさ》川を車窓にみながら進むが、間もなく長いトンネルと山間の景色となり、これといった車窓がなくなる。長野と松本はそれぞれが独自の文化を持つといわれるが、山に阻まれていたので、別の風土だったことがよくわかる。

平凡な山間部を走る景色だったものが、急に開けてくるのが姨捨《おばすて》駅が近づく頃で、車窓の右側眼下に善光寺平のパノラマが開ける。姨捨駅はスイッチバック形式の駅で、ここに停車する普通列車だけがホームに入る。名古屋から長野への特急「しなの」はホームをみることなく通過する。さながらホームが展望台といった雰囲気なので、できれば途中下車して善光寺平の景色を堪能したい。

列車は姨捨駅を出ると、勾配を駆け下り、

盆地へと降りて行く。「青春18きっぷ」での東京からの日帰りに最適と記したが、途中下車せずに長野を目指し、善光寺参りというのもいいだろう。

27 JR東日本「小海線」日本一の高所を行くハイブリッド・ディーゼルカー

小海線は東京から比較的近く、高原を行く美しい車窓のローカル線として人気がある。かつては信越本線小諸と中央本線小淵沢を結び、主要な本線と本線をつなぐ路線として、長野へ行った際など、「帰路は小海線経由にしてみようか」などということができた。しかし、現在、いっぽうの信越本線が長野新幹線の開通によって第三セクター化され、小海線はJR路線としては盲腸線となってしまった。「青春18きっぷ」などを利用した在来線乗り継ぎの旅では使いにくくなった路線である。

とはいうものの、小海線沿線には人気の清里などがあり、週末ともなると多くの利用者で賑わう。その清里と隣の駅の野辺山の間には、標高一三七五メートルのJR路線最高地点があり、標高一三四五・六七メートルの野辺山駅はJRで最高地点の駅となる。一〇〇〇メートルを超える標高なので、真夏に訪れても空気が乾いていて清々しく、沿線は白樺

小海線小海駅を発車するハイブリッド・ディーゼルカー

林に囲まれているので、メルヘンチックな車窓も楽しめる。八ヶ岳が眼前に広がり、南アルプスの山々、後方には富士山、さらに小海線を北上すると浅間山も望める。

こんな小海線だが、鉄道ファンが必見のユニークな車両も走っている。小海線は単線非電化の典型的なローカル線である。当然運行している車両はディーゼルカーだが、ハイブリッドカーも運行しているのだ。

「ハイブリッド」とは「混成」という意味で、自家用車などに多く使われている。小海線車両ではディーゼルエンジンとモーターの混成という意味である。通常、電化していない路線ではディーゼルカーで運転され、ディーゼルエンジンの力で車輪を回転させて車両を走らせている。ところが、小海線のハイブリッドカーはディーゼルエンジンで発電機を回し、その発電した電気でモーターを回して車輪を回転させている。

ディーゼルエンジンがあることは確かなので、ディーゼルカー特有のエンジン音がし、停車中もアイドリング音がする。だが、走行音は電車と同じで、ブレーキもエンジンブレーキではなく、電力回生ブレーキだ。リチウムイオン電池の発達で、発電した電力は電池に貯めながら走っているほか、ブレーキ力で得た電気も電池に貯められる。

エンジンから排出される二酸化炭素などを抑制し、小海線沿線の環境を守るということを目的としているのだ。しかし、発電であろうと駆動用であろうと「エンジンが回っているのだから排気もある」と思われるだろう。ところが、エンジンが有害な排気を出すのは、おもに発車時や勾配を登るときなどの負荷がかかった状態のときだけである。発電用に回っているエンジンは、一定の回転数で回っているので有害な排気をほとんど出さない。発車時や勾配を登るときはモーターに大きな電流が必要となるが、そのクッションとして蓄電池が使われている。

こういったエンジンで発電した電気で走るディーゼル車両は昔からあり、海外でも多く使われている。しかし、以前から「電気は必要なときに発電しなくてはならない」というのが原則だったので、発車時や勾配を登るときは黒煙を吐いて発電していた。それが蓄電池の技術進歩によって、エコでクリーンな車両が可能になったのである。小海線に行ったら、走行音が電車と同じディーゼルカーをぜひ体験してもらいたい。

28 第三セクター「北越急行」ローカル線に転落したが……

北越急行ほくほく線は、JR上越線六日町とJR信越本線直江津、正確には二駅新潟寄りの犀潟《さいがた》を結ぶ第三セクター鉄道である。国鉄時代から北越北線として建設が進められていたものの、完成を待たずに国鉄の経営が悪化、建設が中断され、自治体と地元企業が出資する鉄道となった。しかし、出資者の八〇パーセント近くが新潟県や地元自治体なので、新潟県の公営交通という色合いが強い。

国鉄にもJR路線にもならなかったものの、JRとは深い関わりがあった。この路線は新潟県の山間の人口の少ない地域を運行しているので、地域需要は小さいものの、東京と北陸を結ぶルートの一部であったのだ。

二〇一五年に北陸新幹線が開通するまでは、東京から上越新幹線で越後湯沢へ、そこから北越急行経由の特急「はくたか」で富山、金沢へというのが東京と北陸を結ぶメインルートであった。北越急行ができる以前は、東京から富山へは上越線や信越本線経由の特急、金沢へは東海道新幹線と北陸本線の特急を米原で乗り継ぐのが一般的だった。

ほくほく線は比較的新しい路線で、長大トンネルと高架で建設され、山中をまっすぐ走っているので、両端の駅構内以外に踏切もない。そこで、ほくほく線内では、この路線が単線であるにもかかわらず特急「はくたか」は最高時速一六〇キロメートル運転を行っていた。これは新幹線以外では日本最速の列車であった。

二〇一五年三月、北陸新幹線の開業以降、特急「はくたか」の運行はなくなったが、一日一・五往復ながら、越後湯沢〜直江津間に、停車駅の少ない超快速「スノーラビット」と「ゆめぞら」を運行している。新潟県の直江津は東京との往来が多いものの、上越新幹線が通らず、従来通りほくほく線を経由したほうが便利なのだ。北陸新幹線で直江津へ行くには、新幹線を上越妙高で降り、えちごトキめき鉄道に乗り換えて直江津に行く必要があるが、北越急行の超快速を利用しても所要時間はほぼ同じで、運賃は一〇〇〇円以上安くなる。

北越急行は安定して黒字経営という数少ない第三セクター鉄道であった。他にも安定して黒字の第三セクター鉄道があり、それが伊勢鉄道、智頭急行などである。これらの鉄道に共通するのは、地域需要だけでなく、ＪＲの都市間列車がそこを通り、その通過料収入

地方ローカル線に転落したが、まだまだ元気な北越急行

があることだ。伊勢鉄道は名古屋と伊勢・志摩や南紀を結ぶ快速や特急、智頭急行には関西と山陰を結ぶ特急が通る。

今回、北越急行はこのような形態から、純粋に地域需要だけの鉄道になってしまったが、そもそも地方の第三セクター鉄道は、地域需要だけでは安定した経営は難しく、それを補うためにトロッコ列車やＳＬ列車などに力を入れている鉄道もある。そういった意味では、従来の北越急行、そして伊勢鉄道、智頭急行などは、ＪＲの列車が我が物顔で頻繁に通り抜けるのに、ＪＲ路線ではないことのほうが不自然に思えてならない（智頭急行の場合は、「智頭急行の特急がJRに乗り入れている」というのが正確ないい方だが……)。

二〇一五年三月、北陸新幹線が開通し、ほくほく線は東京と北陸を結ぶという役目を終え、新潟県の山中を行くローカル線へと転落した。北陸へのメインルートだった頃は、JRの特急「はくたか」の通過料収入が、会社の収入全体の九〇パーセントだったそうだが、今後は残り一〇パーセントで経営しなくてはならず、厳しい経営を強いられるであろう。しかし、北陸新幹線が開業すると、ほくほく線はローカル線に転落することはわかっていたわけで、北越急行では、特急「はくたか」で得た収入を貯蓄しており、今後はそれを基に運行を続けていくという。

第3章 東海・北陸

29 大井川鐵道 SL鉄道と日本最急勾配

鉄道ファンにとって、何といっても静岡県でのお楽しみといえば大井川鐵道であろう。日本全国のSL保存運転は数あるものの、通年運行は大井川鐵道だけである。C10形、C11形を二両、C56形とSLを三車種四両保有し、夏の最盛期には一日三往復を走らせる。客車も国鉄時代の茶色いレトロなものがあり、冷房などはなく、レトロ感プンプンの列車が走る。

そんなSL列車が大井川に沿ってお茶畑のなかを走る姿は、昭和の鉄道風景そのもので、誰もが癒される光景である。通年運行のためか、SL運行がイベント的ではないのも好感が持てる。そのため、大井川鐵道は、多くの昭和を舞台にした映画やドラマの撮影ロケ地になった。東京からだと、ちょっと強行軍になるかもしれないが、東海道本線の金谷まで「青春18きっぷ」を利用して日帰り旅でも楽しむことができる。

大井川鐵道はSL列車が有名で、その陰に隠れてしまった感があるものの、近畿日本鉄道、南海電気鉄道、東京急行電鉄で使われていた車両が、それぞれの私鉄で運行していたときとほぼ同じ姿で走っていて、SLではなく、電車を目的に大井川鐵道を訪れる鉄道ファンも実は多い。

　ところが、大井川鐵道の経営は芳しいものではなく、合理化策から二〇一四年には一般列車の本数が大幅に減ってしまった。沿線の人口が少なく、地域の利用者がいないのである。そのため収入の九〇パーセントはSL列車によるものといわれていたが、思わぬ理由からそのSL列車の利用客が減ってしまった。

　二〇一二年、関越自動車道で運転手の居眠りによって高速ツアーバス事故が起こった。多くの犠牲者を出したことを受けて、翌二〇一三年からバス運転手の一日の運転条件などが厳しくなり、東京からの大井川鐵道乗車の日帰りツアーが、距離の関係で不可能になったのだ。SL列車利用者に占めるバスツアー客の割合は大きく、東京からの日帰り客が来なくなったのは、大井川鐵道にとって痛いところだ。

　そこで現在では、日本でも人気のあるアニメキャラクター「きかんしゃトーマス」と「きかんしゃジェームス」の姿にし、客車もオレンジ色に塗装して、おもに子供向け列車として家族連れを呼ぼうという戦術に切り替えたようだ。これらの列車は予約が難しいほどに盛況である。

　しかし、「きかんしゃトーマス」「きかんしゃジェームス」が人気なのは、ほとんどが子供で、文化遺産ともいえるSLをアニメキャラクターの格好にしなくても他の方法があっ

大井川鐵道の機関車トーマス

たのでは、と思ってしまうが、「背に腹は代えられない」といったところであろうか。

皮肉なことに、オリジナルの姿のSL列車は満席で予約が取れないということは少なく、いわば「撮影用」に走っている状況ともいえる。そのあたりにも問題がありそうで、いわゆる「撮り鉄」などと呼ばれる鉄道ファンは、鉄道は被写体であって、意外なまでに鉄道を利用しない。車で撮影ポイントへ直行し、先回りして撮る。前述の通り、通常の旅客列車が少ないため、撮影に列車は使えない。撮影するためには、SL列車より先回りしなければならないが、その列車がないのだ。

しかし、乗って楽しむだけなら、大井川鐵道のSLが走る本線の終点、千頭駅からさらに南アルプスの懐を進む井川線も含めて東京から日帰りできるので、大井川の源流をたどる旅もしてみたい。

井川線は一〇六七ミリと、線路幅こそJR在来線と同じだが、大井川上流のダム建設の資材輸送に活躍した鉄道なので、軽便鉄道の大きさのミニ列車のみが走る。圧巻は途中アプトいちしろから長島ダムの間、九〇パーミルという日本の鉄道最急勾配を電気機関車の力を借りて登ることである。この機関車はラックレールを使用しており、車両のギアと地上のギザギザが噛んで急勾配を登り下りし、この一駅間だけ電化している。

もともとは井川線は電化などしていなかった。しかし、ダム建設で路線が一部区間水没することになったため、ルートを変更せざるをえなかった。その際、九〇パーミルという勾配区間ができ、ディーゼル機関車では登れないので、その間のみ電化し、アプト式と呼ばれるラックレール利用の電気機関車の力を借りることになったのだ。

列車の本数削減で「撮り鉄」には利用しづらくなったが、鉄道ファンにとっては、みどころ盛りだくさんの大井川鐵道である。少ない本数の列車を工夫していいプランを考えてもらいたい。

30 愛知高速交通 実用化された浮上式リニアモーターカー

リニアモーターカーというと、頭に浮かぶのが最高時速約五〇〇キロメートルで品川〜名古屋間に予定しているリニア新幹線だろう。しかし、単にリニアモーターといっても使い方はいろいろである。八四頁で紹介した通り、東京都営地下鉄大江戸線や大阪市営地下鉄長堀鶴見緑地線もリニアモーター駆動だが、これらは線路に敷かれた磁石と車両搭載の磁石の反発力で走行しているものの、鉄の車輪で走っているところは従来の鉄道と同じである。

リニア新幹線は、「浮上式」といって、磁気の反発力で車体を浮上させ、さらに磁気の反発力で走らせる。浮上しているので推進する際に抵抗がなく、高速走行が可能になる。日本での実用例はないが、上海では市内と国際空港の間を最高時速四三〇キロメートルで結んでいる。ドイツの技術によるもので、これが世界で唯一の実用例である。

しかし、時速五〇〇キロメートルなどという超高速走行でなければ、すでに日本で実用化されている。それが愛知県の第三セクター愛知高速交通である。二〇〇五年に愛知県で開催された愛知万博に合わせて、会場への観客輸送用に開業している。現在は、通勤・通

愛知高速交通「リニモ」

学など生活路線となっている路線で、車両はリニアモーターを略して「リニモ」と呼ばれている。

日本初の営業用磁気浮上路線で、浮上式リニアモーターカーの実用化第一号である。「リニモ」には車輪やタイヤなどの回転する走行装置はなく、電車にみえるものの「移動する箱」といった印象である。浮いて走っていて、車輪やタイヤなどの軌道に接する部分がないため、加減速はスムーズで車内は静粛性に富んでいる。自動運転なので運転士はおらず、前面風景も眺められる。

ある程度、原理を理解しておけばの話ではあるが、どことなく「浮いて移動している」という実感もある。愛知県を訪れたら、リニア新幹線の開業以前に、この「リニモ」で浮上式リニアモーターカーを体験しておくのは悪くないだろう。

しかし、最高速度時速一〇〇キロメートル、超高速運転でもないのに浮上式にした「メリットはあるのか」ということになるが、車輪やタイヤなど軌道に接する部分がないので、低騒音、スムーズな加減速により、乗り心地が向上しているくらいといっていいだろう。

いっぽう、この磁気浮上式鉄道は他の路線に波及する気配はなく、愛知万博があったことから、「実用化の目途が立ったのでつくってみただけ」「ゴムタイヤ駆動など通常方式でも充分だったのでは」といった声が多いのも事実である。というのも、利用者が万博終了後は当初予想の半分にとどまっていて、減価償却費が高額なため累積赤字も増えているのが現状である。革新的な新技術と、需給バランスにギャップがあったことは事実である。

31 第三セクター「長良川鉄道」 長大な盲腸線に秘められた歴史

岐阜県の第三セクター長良川鉄道は、JR高山本線美濃太田から岐阜県北部の北濃まで、長良川に沿って走る。美濃加茂市からはじまり、刃物の町として知られた関市や和紙で栄

JR高山本線美濃太田駅の片隅から出発する長良川鉄道

えた美濃市、そして、郡上踊りが有名な郡上市を通って終点の北濃に達する。日本の伝統に彩られた地域をつないで走るといった鉄道である。

長良川に沿う車窓は四季を通じて美しく、岐阜といえども冬季の多くは雪景色のなかを走る。ローカル線を楽しむには絶好の路線であるが、鉄道ファンでもあまり乗る機会のない鉄道だろう。

美濃太田から終点の北濃まで片道七二・一キロメートルもあるが、完全な盲腸線で、途中で他の鉄道に接続する駅はない。終点からバスを乗り継いで、どこか他の地域に抜けることもできない。つまり行って帰るしかない路線なのである。往復すると運賃は三五〇〇円近くになってしまい、二の足を踏んでしまう。郡上八幡や美濃白鳥など、途中下車してみたい駅が多いにもかかわらず、一日乗車券などの、これといった割引切符もないのが現状である。たまに、期間限定で一日乗車券の類《たぐい》も販売されることはあるが、販売枚数が限定されていて、予約などもできないので、遠方からの利用には向かない。

この長良川鉄道の路線、歴史をひも解いてみると、もともとは国鉄越美南線であった。「越美」とは越前（現 福井県）と美濃（現 岐阜県）を結ぶという意味で、越美北線は現在もそのままの名称で、北陸本線福井（正確には一駅南の越前花堂《はなんどう》）〜九頭竜湖間をJR西日本が運行している。

越美北線と越美南線は一本に結ばれて越美線となる計画であった。

しかし、岐阜・福井の県境約三〇キロメートルは山が立ちはだかり、沿線人口もほとんどなく、つながることはなかった。越美北線と越美南線は別々の路線とみなされ、越美北線はJR西日本に引き継がれ、利用者の少なかった越美南線は、JRに引き継がれることなく第三セクター化されたのである。

仮に一本に線路がつながっていたとして、どれだけ利用者がいたかは不明であるが、越美南線沿線には見どころが多く、越美北線沿線にも九頭竜湖や大野市といった見どころがあるので、観光しながら岐阜から福井に抜けられる路線を形成していたのかもしれない。

かつては、越美南線と越美北線を結ぶバス路線もあるにはあった。道路配置の関係で、越美南線の終点北濃ではなく、少し手前の美濃白鳥と九頭竜湖をJRバスが結んでいた。しかし、その路線も廃止されたので、現在は越美線の計画されていたルートを公共交通機関でたどることはできない。

長良川鉄道は、とても長い盲腸線なので行って帰るのは効率が悪く、コストパフォーマンスもよくないと記したが、強いて、いいプランを考えるとするなら、岐阜から高山本線で美濃太田、長良川鉄道で北濃へと北上し、美濃白鳥までは長良川鉄道で戻り、そこから高速バスで岐阜へ戻るという手もある。長良川鉄道は単線非電化、ミニサイズの車両が単行で行き来する細々とした鉄道だが、この地域は道路が整備されていて、東海北陸自動車道が名古屋から金沢に北上する通り道になっている。

32 第三セクター「伊勢鉄道」 JRの鉄道が走るのに、その路線ではない……

伊勢鉄道の話題に入る前に、三重県全体の鉄道について述べておく必要がある。三重県、それにお隣の奈良県も含めてだが、全国と異なる鉄道事情がある。

全国の鉄道路線は、まず基幹路線としてJR路線があり、それに付随するように私鉄路線がある。ところが、三重県や奈良県では、複線電化された路線を列車が頻繁に行き交うのは私鉄の近畿日本鉄道で、JR路線はローカル路線という位置づけになり、利用者も近畿日本鉄道のほうが多い。

たとえば、三重県を走るJR関西本線とそれに並行する近畿日本鉄道名古屋線を比較すると、関西本線は列車本数が少なく、単線区間も多い。南紀への特急、伊勢志摩への快速もあるが、ローカル列車は二両編成のワンマン列車がトコトコ走る。対する近畿日本鉄道は、名古屋と大阪、名古屋と伊勢志摩を結ぶ特急、名古屋と三重県主要都市を結ぶ急行、さらに準急列車もある。

さすがに日本最大の私鉄である近畿日本鉄道は、これら地域では圧倒的な強さを誇っている。JR東海も、名古屋鉄道と競合する東海道本線では快速などを充実させて対抗しているが、三重県方面では近畿日本鉄道との対等な競合はできず、なかばJRは私鉄のおこぼれで運行しているといった感が強いのだ。

そんな三重県の伊勢鉄道は素性が変わっている。国鉄時代、名古屋から南紀や伊勢志摩方面へは関西本線で亀山に行き、そこから紀勢本線へ入っており、亀山で進行方向も変わる。そこで、この不便を解消するために、ショートカットの短絡線として建設されたのが伊勢線であった。少しでも近畿日本鉄道に対抗しなければならない。

ところが、国鉄再建法が施行され、不採算路線が廃止、または第三セクター化されたが、その基準は「路線名」ごとに機械的に行われたので、完成して間もない伊勢線も、廃止対象になってしまったのである。いわば、関西本線と紀勢本線の短絡線部分の線名が、関西

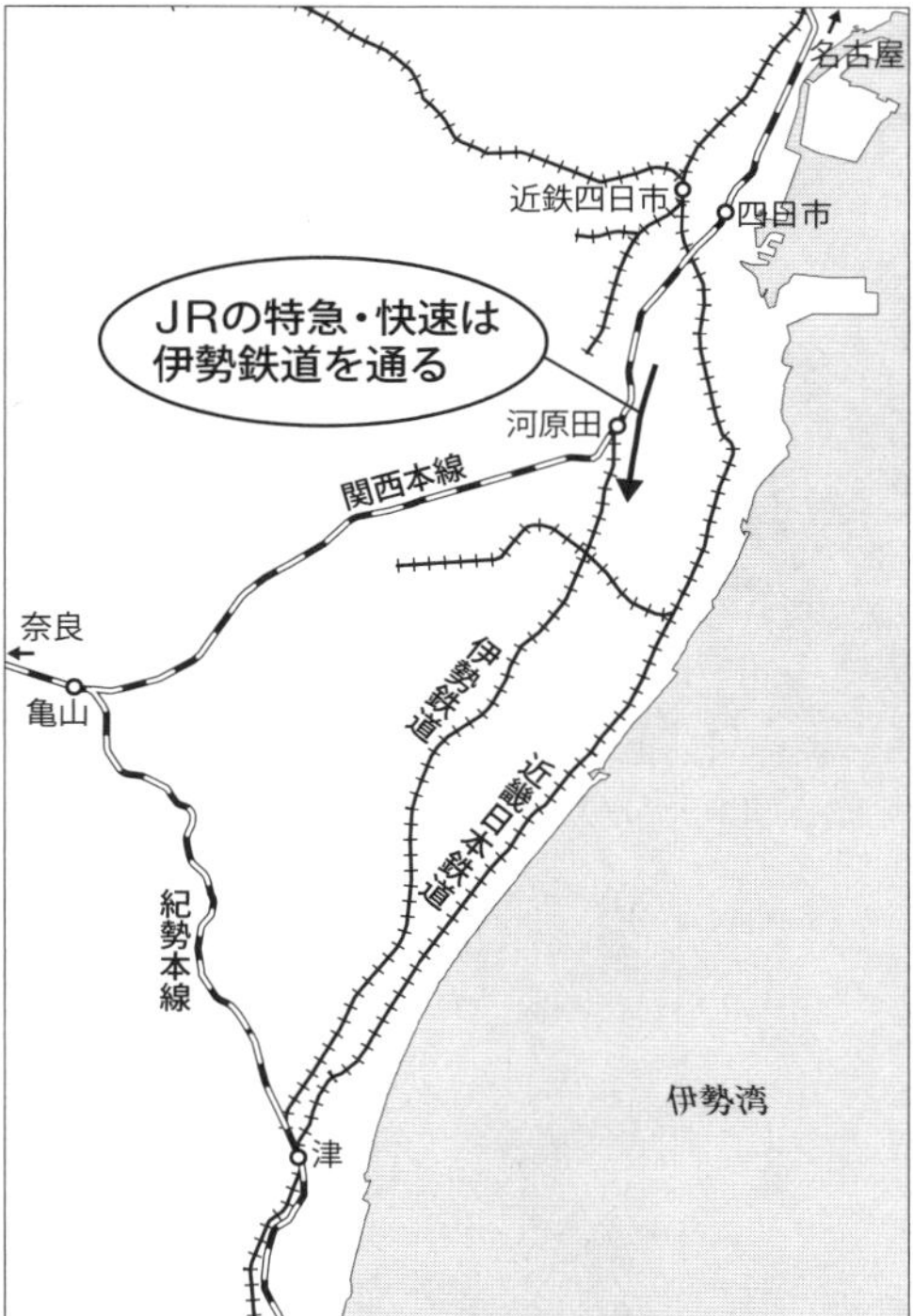

伊勢鉄道を経由するJR紀勢本線の快速「みえ」（左）と伊勢鉄道のローカル列車

本線でも紀勢本線でもなく「伊勢線」という別の名称だったという、バカバカしい理由で第三セクター化されたのである。

伊勢線は、三重県では王者ともいえる近畿日本鉄道に並行しており、かたや近畿日本鉄道は多くの列車があり、伊勢線には数えるほどのローカル列車がある以外は、優等列車が通り抜けるだけであった。これでは地元の利用者など多いわけがない。

こんな理由から、ここを通るJRの南紀方面への特急「南紀」、伊勢志摩方面への快速「みえ」に乗車すると、伊勢鉄道の通過料のようなものが必要になる。たとえば「青春18きっぷ」で名古屋から伊勢市や鳥羽に向かう場合、JRの快速列車なのだから「青春18きっぷ」だけで利用できそうだが、伊勢鉄道の運賃五一〇円が別に必要だ。

乗車駅もJR駅、下車駅もJR駅、乗車する列車もJRの列車なのに、JRの切符だけでは乗れないというとてもわかりにくい形態となっている。こんなことから、伊勢鉄道は単行のワンマンカーを走らせるローカル鉄道ながら、JR列車の通過料収入があり、毎年黒字経営を続けている。ちょっと納得のいかない第三セクター鉄道である。

33 黒部峡谷鉄道 ダム建設のためにつくられた観光列車

富山県の宇奈月から黒部川上流に沿うように、黒部峡谷鉄道が走っている。「元祖トロッコ列車」と呼ばれる路線である。

現在、日本各地で車窓の美しい路線をトロッコ列車が走るようになったが、昭和の時代から長きにわたってトロッコ列車を走らせていた代表といえるのは、黒部峡谷鉄道である。というより、日本各地で運転しているトロッコ列車は、住民の足となるローカル線で、しかも景色がいいので、週末を中心にトロッコ列車も観光列車として走らせているというのがスタンダードだ。しかし、黒部峡谷鉄道はトロッコ列車しか走らない路線で、山深い渓谷沿いなので、通勤・通学客が利用するような路線ではない。しかし、かといって観光用に建設された路線でもなかった。

黒部峡谷鉄道が建設された経緯は、黒部川上流にダムを建設するための資材や作業員を輸送するためであった。最初の区間が当時の日本電力によって完成したのは、一九二六年である。水力発電のための電源開発に建設された鉄道で、現在でも、黒部峡谷鉄道は関西電力の子会社となっている異色の鉄道会社である。一般の地方私鉄とは運営形態がかなり異なる。ダムが完成した現在でも、メンテナンス資材や作業員を運ぶ運搬列車が運転されている。

当初、作業員専用列車しか運転されていなかったが、登山客などの乗車希望が絶えなかったため、「便乗」という形で乗車を認め、切符には「安全については保証はしません」と記されていたそうだ。正式に一般客を乗せる鉄道会社になったのは一九五三年からで、以降は急峻な崖にへばりつくような秘境を行く鉄道として全国的に有名になった。

電力会社が運行というだけあって、路線は全線電化されていて、電気機関車が長いトロッコ車両を連ねて運行する。北陸地域でも有数の観光地なため、宇奈月駅前にはいつも多くの観光バスが停車しており、この地域を訪ねるバスツアーでは定番スポットとなったほか、近年は多くの外国人観光客でも賑わう。とくに紅葉シーズンは予約をしないと乗車で

黒部峡谷鉄道のトロッコ列車。
黒部川に沿う風景は圧巻の一言

きないほどの混雑となる。

急峻な山間、そして豪雪地帯ということもあって通年運行とはいかず、冬季は運休となる。それどころか一部は線路、架線などを撤去して、翌年春までトンネル内に保管するのだそうだ。なぜかというと、豪雪地帯の斜面にへばりつくように施設されており、雪崩に遭ってしまう可能性が高いのである。

全列車がトロッコ車両で運転する。ホームで列車の前に立つと、一般的な身長の人間より列車のほうが背が低くなる。線路幅も狭く七六二ミリしかないナローゲージである（JR在来線は狭軌といわれるが、それでも一〇六七ミリ）。まるでミニチュアサイズの鉄道であるが、これなら急カーブでも曲がれるし、トンネル断面も小さくてすむだろう。

一部は壁に囲まれた通常車両を連結している。全線にわたって美しい景観が続き、黒部川上流の景色を思い切り満喫したいところだが、ここは山深い山峡で、真夏といえども風が冷たく、時に寒く感じることもある。宇奈月から終点の欅平までは一時間半弱を要し、すぐに折り返しても約三時間かかるので（終点から先は公共交通機関で他の地域に抜けるルートはない）、お年寄りなどが同伴するのであれば、トロッコではなく通常車両が無難かもしれない。

34 JR西日本「北陸新幹線」開通で便利になったはいいが……

二〇一五年、北陸新幹線が開通して東京と北陸の間は所要時間がずいぶんと短縮された。新幹線の開通前、東京～金沢間は上越新幹線「とき」と北越急行経由の「はくたか」を越後湯沢で乗り継ぐと、乗り換え時間も含めて約四時間かかっていた。それが、北陸新幹線「かがやき」は同じ区間を二時間半に縮め、東京～富山間ならたった二時間一〇分となった。東京から観光で日帰りは味気ないが、出張なら金沢も富山も日帰りで充分となった。北陸といえば雪の多い地方だが、新幹線は降雪時も安定して定時運行でき、経済的効果は計りしれないだろう。

しかし、いいことばかりではない。在来線は新幹線が延伸されるたびにJRから切り離され、ローカル線へと転落する。大都市と大都市の間は便利になっても、全体のネットワークは稀薄になっていくのである。

北陸新幹線の開通時も、北陸関係だけでも北陸本線金沢～直江津間がJRから切り離されてしまった。しかも、この区間は石川、富山、新潟と三県にまたがるため、引き継ぐ第三セクターも県ごとの事業者となり、まさにぶつ切り状態となった。金沢～富山間という県庁所在地同士を結び、利用者も多い区間の第三セクター化という点では、以前の常識からすると、かなり違和感がある人も多いのではないだろうか。

富山駅を中心に考えると、在来線で見る限り東へ行くにも西へ行くにもJR路線はなく、富山駅を発着するJR在来線列車は、猪谷方向に向かう高山本線のレールバススタイルの小振りの車両が細々と運行するだけとなった。県庁所在地の駅としては、かなり寂しい状態だ。富山駅には北陸新幹線が発着し、東京へは便利になったが、逆にいえば「便利なのは東京方面だけ」なのである。

北陸三県は関西の経済圏といわれる。私は学生時代、東京の大学に通っていて、大学には東北、東海、中国地方西部などからも大勢の学生が来ていたが、意外にも北陸地方は東京から距離的に近いにもかかわらず、この地域出身の学生はあまりいなかったように思う。東京への交通の便が悪かったという理由もあるが、北陸地方は関西を向いている傾向があるのだ。

北陸新幹線の開通以前は、富山から大阪へは特急「サンダーバード」が数多く運行されていて、富山から京都や大阪には乗り換えがなく便利であった。ところが北陸新幹線の開通後は、「サンダーバード」はほぼ全便が金沢始発となり、金沢〜富山間を走らなくなってしまった。この区間に関しては需要がなくなったのではなく、金沢〜富山間は別会社に

富山始発、北陸本線の特急「サンダーバード」（右は高山本線）。北陸新幹線が開業したいまは、写真のような風景はみられない

なったので、いわば面倒臭いのでやめたというのが実態であろう。

　そもそも特急「サンダーバード」は新型車両導入時に冠された名称で、以前は国鉄時代から北陸本線の特急といえば特急「雷鳥」であった（雷鳥＝サンダーバードだが）。そして「雷鳥」は富山県立山に生息する鳥で、富山行きだから「雷鳥」であったことを考えると現在の状況は「妙」でもあるのだ。

　富山からは関西に限らず、新幹線の開業までは名古屋行き特急「しらさぎ」、新潟行き特急「北越」もあったのだが、すべてなくなった。「しらさぎ」は全便が金沢始発となったが、「北越」は列車自体がなくなった。富山と新潟は隣県にもかかわらず列車での行き来は実質的に不可能となった。これでは東京一極集中が強まるばかりではと思ってしまうが、このような状況に異論を唱える向きもなさそうなので、地元も「東京一極集中」を望んでいると思うしかないのであるが……。

富山から関西方面は不便になり、乗り換えの手間を考えると所要時間の短縮になっておらず、しかも料金値上げになっている。近年は「新幹線ができるのなら他の鉄道は犠牲になってもいい」という風潮があり、新幹線以外の鉄道離れが加速するのではと危惧してしまう。

35 北陸鉄道 雪国を元京王電鉄「井の頭線」の車両が走る

電化している地方私鉄で新車を自社発注しているのは、静岡県の静岡鉄道、同じく静岡県の遠州鉄道など、また特殊な電車でしか運行できない神奈川県の箱根登山鉄道など、ごく限られた路線になっている。

かつては、長野電鉄、富士急行、伊予鉄道などは、自社発注をし、オリジナルな電車を走らせていたが、現在は大手私鉄の新車への切り替えが早く、比較的新しい車両が容易に

京王電鉄井の頭線車両がそのままの姿で運行される北陸鉄道

手に入るといった事情があり、地方私鉄による自社発注の電車車両はめっきり減ってしまった。

　石川県を運行する北陸鉄道もそんな地方私鉄の一社で、かつては自社発注の電車を走らせたこともあったが、現在は元京王電鉄、元東京急行電鉄の車両で運行している。とくに金沢を起点にする浅野川線は、全列車が元京王電鉄井の頭線の車両で運行し、井の頭線時代のままの姿で走っていると人気である。私自身も高校時代、この電車で学校に通っていたので、思い出の電車であり、思わず声援を送りたくなる。井の頭線で走っていた当時と外観上異なるのは、二両編成と短くなったこと、ワンマン運転設備があること、雪国を走るので、スノープラウという雪かきが正面についていることくらいである。

また、払い下げられた車両は、見た目からふたつに分類することもできる。ひとつは、この北陸鉄道浅野川線のように、オリジナルのデザインを尊重してか、都会で走っていた当時のままの姿で走らせているケース、もうひとつは、購入した際に自社デザインに改め、かつての面影がなくなっているケースである。

たとえば、石川県のお隣、福井にはえちぜん鉄道があり、多くの車両が元愛知環状鉄道やJR東海の車両で運転するが、外観はまったく変わっており、鉄道ファンであっても元の車両がわからないまでにイメージが変わっているケースもある。都会での運行を引退した車両はその後の使い方はさまざまだが、オリジナルな姿で運転していると、以前利用していた人たちには懐かしい思いであろう。

ところで、このような払い下げ車両、ワンマン運転設備を取りつければ走れるほど簡単ではない。北陸鉄道を走る井の頭線を例にすれば、単に元の五両編成を二両に短くしているのではない。井の頭線時代は五両編成中の中間の三両が電動車で、二両の先頭車には動力はなかった。そのため北陸鉄道では、二両の先頭車に動力やパンタグラフを取りつけるといった大改造が行われている。

　このように、大手私鉄からローカル私鉄に車両が払い下げられるときは、動力車化改造や先頭車化改造はよく行われる。都会の電車は一〇両編成の場合、制御する車両と動力を持つ車両などというように、機能が分散され、いわば一〇両セットで一人前になっている。ローカル私鉄では、それを二両か三両で完結できるように改造しなければならないのである。

　また、日本全国のローカル私鉄には、元京王電鉄や元東京急行電鉄の車両が目立ついっぽうで、阪急電鉄、近畿日本鉄道、あるいは東武鉄道の中古車両はあまりお目にかかれない。これにも理由があって、日本のローカル私鉄の線路幅がほとんどJR在来線と同じ狭軌なのに対し、関西の私鉄は標準軌が多いので、払い下げにあたって台車を交換しなければならないことがある。また、京王電鉄や東京急行電鉄には、井の頭線や旧目蒲線などで活躍した、小振りな車両が多く、この小振りというところがローカル私鉄の需要にマッチしていたということが考えられるのであろう。

36 JR西日本北陸本線 屈指の特急街道

鉄道ファンに北陸本線の人気が高まっている。理由は、幹線らしい幹線ということのようだ。

幹線なら東海道本線、山陽本線、東北本線などいろいろありそうだ。だが、新幹線が北へ西へと延伸され、これらの路線は「本線」といっても普通列車と貨物列車主体の、いわば長大なローカル線と化していて、都市間特急列車などは運転されなくなっている。

その点、北陸本線は大阪〜金沢間や名古屋〜金沢間の特急列車が頻繁に通る特急街道で、幹線らしい最後の在来線なのである。主要都市間に新幹線が建設された結果、在来線で幹線らしさが残るのが北陸本線くらいになったのである。

とはいうものの、北陸本線以外にも特急街道はある。しかし、常磐線は水戸までの全体の半分ほどは通勤特急といった雰囲気である。また函館本線の札幌〜旭川間は距離が短い。長崎本線は本線といっても単線区間が多く、実際はローカル特急の趣だ。日豊本線も特急街道ではあるが、高速バスに押され気味である。すると、北陸本線は全線複線、通勤需要ではなく、高速バスも寄せつけていない。正真正銘の特急街道なのである。

大阪～金沢間を1日23往復もする特急「サンダーバード」

この間を運転するのは、大阪～金沢間「サンダーバード」二三往復、名古屋～金沢間「しらさぎ」八往復、米原～金沢間「しらさぎ」八往復で、このほかに通勤特急や乗客が多い期間の臨時列車があり、かなりの頻度で特急列車が走る。北陸本線の普通列車に乗ると同じ駅で特急に続けて二本抜かれることもあるくらいである。

「サンダーバード」は、現代に残る「特急らしい特急」でもある。「特急らしい」とはどういうことか。急行が廃止されたことから、日本各地には快速並みに停車駅の多い特急が多くなっているが、「サンダーバード」には速達列車として、大阪を出発すると、新大阪、京都と停車、そこからは福井と金沢にしか停車しない列車もある。この停車駅の少ない「サンダーバード」は、新幹線以外では表定速度が日本でもっとも速い列車で、その速さは一〇六キロメートルとなる。新幹線以外で表定速度が一〇〇キロメートルを超えるのは「サンダーバード」のみで、新幹線でも「こだま」の表定速度は一三〇キロメートルに満たない。「サンダーバード」は踏切などがある、普通の在来線を運転するので、いかに速いかがわかるであろう。

しかし、この「サンダーバード」に使われている車両は、振子装置や車体傾斜システムという、速く運転するための仕組みは備わっていない。大阪～金沢間はカーブが少ない路線なので、表定速度が速くなる。大阪～金沢間のうち、東海道本線部分は複々線、湖西線は比較的新しい路線なので全線が高架で踏切がなく、若狭と越前を分ける峠道は一四キロメートル近くある北陸トンネルを直線で抜け、北陸地方では加賀平野の平坦な地形に線路が真っ直ぐ敷かれている。カーブが少ないので、振子装置などの必要性がないのである。

国鉄時代から、このルートには特急「雷鳥」が行き来していて、新車両の導入時に愛称が英語になって「サンダーバード」に、国鉄時代の車両は最後まで「雷鳥」だったが、国鉄時代の車両が姿を消すのと同時に「雷鳥」という名称もなくなった。「しらさぎ」は国鉄時代からずっと「しらさぎ」で、米原発着の列車は当初「加越」であったが、後に「しらさぎ」に統合されている。

思い起こせば、私が鉄道に興味を持ちはじめた頃、東海道新幹線は開業していたが、東北新幹線はまだまだ先の話で、東北本線は上野〜仙台間「ひばり」、上野〜盛岡間「やまびこ」、上野〜青森間「はつかり」などが頻繁に運行する、まさに特急街道であった。ダイヤ改正のたびに増発しても需要に追いつかない高度経済成長期であり、全席指定席であるものの、どの列車も混雑していたので、急用の客は立席承知特急券で利用していたものである。

現在では、そのような体験も過去のものとなったが、北陸本線の特急に乗ると、かつて国鉄が輸送を使命に輝いていた頃を偲ぶことができるような気がするのである。

37 第三セクター「えちぜん鉄道」「アテンダント」を乗せたパイオニア的存在

福井県にえちぜん鉄道という第三セクター鉄道がある。地元の足であるほかに、沿線には芦原《あわら》温泉や永平寺があることから、観光客も利用する路線である。二〇一六年三月には、同じ福井を走る福井鉄道との相互乗り入れも果たしており、地方私鉄同士の相互乗り入れはきわめて珍しいことである。

このようなえちぜん鉄道は、「アテンダント」と呼ばれる女性乗務員を乗せたパイオニア的な鉄道会社でもある。日本各地に走る観光列車やイベント的な列車には、運転士、車掌のほかに女性乗務員が乗ることは多いが、えちぜん鉄道には、普段乗る普通の生活列車にアテンダントが乗務している。その後、日本各地の地方鉄道でもこういった流れができた発端となったのである。

しかし、えちぜん鉄道の列車は一両もしくは二両編成で、車両はワンマン運転に対応しており、入口には整理券発行機があり、運転室後方には運賃箱がある。ドア開閉も運転士が行う。ではアテンダントは何を行うのかというと、おもに切符の販売、切符の回収、観光客などへの案内、お年寄りなどへの介助となっており、一見して不要にも思われる。まして地方鉄道はどこも経営が厳しく、そのためにワンマン運転などを取り入れて人件費削減に取り組んでいるのに、アテンダントを乗せるというのは、その合理化策に逆行するのでは、と疑問を感じる。

ところが、実際にアテンダントの乗務する列車に乗ってみると、そのような考えは消えてしまう。アテンダントが乗務していることで、どこか車内が和やかムードになる。観光バスにバスガイドさんが乗っているか乗っていないかというくらいの差を感じてしまう。

その後、わたらせ渓谷鐵道、津軽鉄道、青い森鉄道などアテンダントを乗務させた地方鉄道は数多い。思えば地方鉄道の経営はどこも苦しく、話題づくりに躍起である。トロッコ列車、ＳＬ列車、レトロな国鉄時代の車両などを走らせるのはあまりに大掛かりで、どこの鉄道会社でもなせる業ではない。すると、猫を駅長にしたり、アテンダントを採用したりするというのは、少ない投資で話題になりそうである。

えちぜん鉄道はアテンダントが乗ることで華やかになった

このえちぜん鉄道は、以前は京福電気鉄道という私鉄であったが、ブレーキ故障、運転士のうっかりミスと二回の正面衝突事故を起こして運行停止になり、新たに第三セクター鉄道として再出発した鉄道である。

京福電気鉄道の時代は、越前本線、三国芦原線、永平寺線と三路線あり、その頃は永平寺まで電車だけでいけたものだが、第三セクター化の際に永平寺線だけは廃止となり、越前本線は勝山永平寺線に改められて現在に至っている。

典型的な地方鉄道であるものの、福井から勝山永平寺線、三国芦原線ともに三〇分間隔の運行で、等間隔に毎時〇〇分、三〇分などと同じ時間に出発する使いやすいダイヤで運行している。かつて、永平寺線が枝分かれした東古市駅が永平寺口駅に改められ、そこからバスで一五分ほどで永平寺に連絡する。

再生のために「できることはすべてやった」というような鉄道なので、地方鉄道に興味があれば乗って損はない路線だと思う。

第4章　近畿・中国

38 紀州鉄道 昭和レトロのレールバス路線

和歌山県の御坊《ごぼう》市に紀州鉄道という私鉄がある。社名から想像すると、紀州路に多くの路線を持っていそうな印象を受けるが、実際は全線で二・七キロメートルしかないミニ私鉄である。単線非電化、ワンマン列車が走る典型的なローカル鉄道である。JR紀勢本線の御坊駅は、御坊市の市街地からやや離れた場所に位置し、紀州鉄道はJRの駅と御坊市の中心街を結ぶという役割を持っている。

車両は二種類あり、うちひとつは「レールバス」と呼ばれるミニ車両だ。単に小さいだけではなく、バスをつくっていたメーカーがバスの開発技術を流用して鉄道車両としたため、車体側面などは観光バスに酷似しているほか、折戸で内側に開くドアなどはバスそのものである。車体も小さく車内に入ると天井が低いのがわかる。車内には冷房用のダクトがはわされていて、これもバスのものと酷似している。

紀州鉄道のレールバスは、日本のディーゼルカーとしては唯一の二軸車でもある。鉄道車両には二軸の台車が二つあり、一両に対して車輪は四軸あるものだが、レールバスはミニ車両のため二軸しかない。一般に二軸だと、線路のつなぎ目を通ったときの揺れが車内

昭和にタイムスリップしたかのような紀州鉄道

に直接伝わり、乗り心地が良くないとされているが、紀州鉄道では最高時速三〇キロメートル程度の運転なので問題にならないのだ。

かつて、このようなレールバスは日本全国に何ヵ所か走っていたのだが、ほとんどがその姿を消すか、路線そのものが廃止されてしまい、現在はこの紀州鉄道でしか運行されていない。車両は紀州鉄道オリジナルというわけではなく、もとは兵庫県の第三セクター北条鉄道で使われていたものである。

紀州鉄道の列車は、JR御坊駅の一番駅舎寄りのホームから出発する。発車チャイムなどはなく、警笛を一回鳴らして発車する。乗客は地元の人が数人程度だが、週末になると関西方面の鉄道ファンが、このミニ鉄道に乗るためにやってくることが多い。二・七キロメートルの間に五駅あるので、レールバスは少し走っては停まり、また少し走っては停まりの繰り返しで、一〇分もかからずに終点の西御坊に到着する。「カタン、カタン」という走行音、ちょっと弱めのエンジン音、そしてアイドリング音、沿線風景、どれをとっても昭和のレトロな雰囲気で、ひと昔前にタイムスリップしたかのような旅ができる。

全線に乗って運賃一八〇円。驚いたのは、終点の西御坊駅には駅員がいて、窓口で切符を買ったところ、当たり前のように昔同様の硬券であったことだ。JRなどでは、昔を懐かしむためにイベント的にレトロな列車を走らせることはあるが、ここ紀州鉄道では昭和がそのまま生きているというのを体験でき、それがいい。

現在は、滋賀県の第三セクター信楽高原鐵道で不要になったディーゼルカーが導入されているので、おもに平日は元信楽高原鐵道のディーゼルカー、週末はレールバスで運行されている。

しかし、利用者もまばらでこんなレトロな雰囲気の鉄道、当然、赤字路線である。規模が小さいので赤字額は大した額にはならないそうだが、一〇〇円を稼ぐのに三〇〇円以上の経費がかかるといわれ、日本でもっとも収支の悪い鉄道なのだそうだ。第三セクターでもないので、自治体が出資しているわけでもない。しかし、廃止の噂もない。

実は、この紀州鉄道は変わった生い立ちの鉄道である。前身は御坊臨港鉄道という鉄道会社だったが、一九六〇年代には自家用車の普及の影響などから乗客の減少に悩んでいた。このままでは廃止もやむなしといったところを、東京の不動産会社が買収し、不動産会社も含めて「紀州鉄道」という名称になった。このため現在でも、紀州鉄道本社は東京にある。

当時、不動産業は、「東急不動産」「西武不動産」のように、鉄道会社として名が知れていれば不動産業も信用がきいたので、御坊臨港鉄道を買収し、鉄道会社系の不動産業を営んでいるのである。

紀州鉄道という会社自体は不動産、ホテル、リゾート開発などが本業であり、鉄道は付属のようなもので、赤字でもさしたる問題ではないわけだ。このような経緯があるため、昭和の雰囲気がそのまま残っているのである。もしこの紀州鉄道が、地元資本で、鉄道会社の収益だけで運営していたならば、とっくに廃止となっていただろう。

39 和歌山電鐵 ネコが駅長のユニークな鉄道

和歌山県にユニークな鉄道会社がある。しかも日本全国だけでなく海外でも知られるようになった鉄道会社なのである。それが和歌山〜貴志間一四・三キロメートルを運行する和歌山電鐵である。和歌山電鐵の誕生は二〇〇八年と新しい。かといって、二〇〇八年に開業したわけではない。もともとは大手私鉄の南海電気鉄道貴志川線だったが、南海電気鉄道としては本線などと接続していない孤立した飛び地路線で、この路線の収支が悪かったため、廃止を申し出たのである。

このように、以前の国鉄やJRだけでなく私鉄が鉄道運行をやめるケースも全国には多々あった。そのような場合、地元が運行する第三セクターになるか、あるいはバス転換になるのが常なのだが、和歌山県では、この路線を運営してくれる企業を全国に募るという方法をとったのである。

そこに運営の申し出をしたのが、路面電車や路線バスを運行している岡山電気軌道であった。岡山電気軌道は両備系列で、両備ホールディングスは岡山県内で両備バス、小豆島発着のフェリーはじめ旅行会社、タクシー、物流事業などを担う総合企業で、現在は広島のバス会社も傘下に収めている。

このようにして、和歌山県の電車が岡山県の企業によって運営されることになった。そして、和歌山電鐵は数々のユニークな試みを行った。車両自体は南海電気鉄道の時代のものがそのまま運転されているが、その車両を改造して「いちご電車」「おもちゃ電車」「たま電車」として外観、内装ともに工夫を凝らした。そして、家族、親子、カップルで乗って楽しい車両にしたのである。最初に改造された「いちご電車」は、ローカル鉄道再生のための数々のユニークな取り組みが認められて、国土交通省が行う日本鉄道賞の特別賞が授与され、そのプレートが車内に輝いている。

この鉄道を一躍有名にしたのは、改造電車「たま電車」の名前の由来となった、ネコのたま駅長である。ネコを駅長にしたことで全国に知れわたることになった。

「いちご電車」「おもちゃ電車」、そしてネコの駅長、国鉄時代からのおじさん鉄道ファンからすると、「鉄道会社なのだから、もっと本業、つまり運輸業らしく頑張ってほしい」と思うかもしれない。実は私もそういう考えがあった。ところが、実際に和歌山電鐵を訪れると、そのような考えもどこかへ消えてしまう。電車の内装などは、確かに楽しい車両となっているが、ものすごく目新しいものはなく、全国に普及している観光列車風のものがローカル私鉄で走っている程度であった。

アジア人観光客にも大人気の和歌山電鐵の終点、貴志駅

　しかし、私がもっとも驚いたのは、沿線に見どころがあるわけでもないのに、アジアからの観光客が大勢乗っていたことである。言葉はよくわからないが、「たま電車」にはネコの耳が飾りについていて、観光客は「本当に電車に耳がある」と歓声を上げては、しきりにカメラを耳に向けている。終点の貴志駅は、駅舎の屋根がやはりネコをイメージしているので、それも観光客に大うけであった。

　訪日外国人は見どころのほかに、日本のこういった自由な発想に興味を持っているという。たとえば、日本のお弁当は味とともにみた目を大切にしていて、きれいに飾りつけるという感覚がある。しかし、アジアではそういった発想は少なく、お弁当はお腹を満たすものなので、肉の位置、野菜の位置までは決まっていない。同様に、鉄道は人を運ぶものなので、日本のような楽しさを追求するという発想はアジアではなかなか見当たらない。すると和歌山電鐵は、たとえ沿線に見どころがなくても、訪ねる価値は充分あるということになるのであろう。大阪から日帰りできるので気軽に訪ねてみたい。

なお和歌山電鉄が「鐵」の字になっているのは、「鉄道」では「金を失う道」と書くので縁起が悪いというのが理由で、わたらせ渓谷鐵道、小湊鐵道、大井川鐵道、信楽高原鐵道なども同じ理由である。

40 近畿日本鉄道　近畿を網羅する日本一の私鉄

日本全国どこへ行っても、基幹となる鉄道はＪＲが運行し、それを補足するように私鉄が運行しているのが一般的である。ところが、それが逆転してしまうのが奈良県ではないだろうか。奈良県にも、ＪＲ関西本線や奈良線などがあるものの、日本最大の私鉄近畿日本鉄道（近鉄）の存在が大きい。ＪＲはローカル線、近鉄は電車が頻繁に行き交い、特急列車も多く走っている幹線といった趣である。

たとえば、ＪＲ関西本線は大阪のＪＲ難波から奈良を経て名古屋までの本線であるが、途中、奈良県の加茂から三重県の亀山までは単線非電化で、レールバス風の小型ディーゼルカーがワンマン運転でたどるローカル線である。「関西本線」という名称からすると、天王寺発名古屋行き特急でも走っていそうだが、関西本線を利用して大阪から名古屋へ向かう人など、まずいない。

いっぽうで近鉄は、大阪難波〜近鉄名古屋間には「アーバンライナー」という特急を頻繁に走らせていて、大阪、名古屋では評判の列車である。私鉄ならではのきめ細やかなサービスと、新幹線に比べてリーズナブルな運賃が人気の理由である。伊勢志摩方面への観光特急も頻繁に運行している。大阪から、京都からとその本数は多い。

もちろん、通勤輸送なども近鉄中心である。大阪、京都から奈良、橿原、天理、桜井など奈良県の主要都市を機能的に結んでいる。ＪＲにも桜井線があるが、桜井線は単線で二両編成のワンマン電車が走るローカル線である。

奈良県を鉄道で旅すると、利用する鉄道によって雰囲気がかなり違ってくる。ＪＲを利用していると田舎のローカル線といった風情を感じるのだが、時おり複線の立派な線路の近鉄が並走したり交差したりし、長い編成の電車が頻繁に行き交っている。そのため、同じ奈良県でも近鉄で旅すると、電車は頻繁に走っていて、田舎のローカル線ではなく都市

近畿日本鉄道の都市間特急「アーバンライナー」。大阪～名古屋間を頻繁に運転

近郊路線といった趣となる。そういう意味では、JRのほうがローカル線の旅を感じることができるが、便利なのは近鉄と記しておこう。

駅名にも近鉄が主で、JRが従の関係を感じることができる。JR五位堂（奈良）、JR難波（大阪）、JR山三木（京都）、JR藤森（京都）、JR小倉《おぐら》（京都）など、JRを冠した駅が多いことだ。これらの駅は私鉄よりも近年になってできたり、名称変更があったりしてJRを冠しているのだが、全国的には、JRの上野に対して「京成上野」、JRの蒲田に対して「京急蒲田」などとなるので、JRが冠されている駅名は私鉄王国関西ならではである。

この近畿日本鉄道は、社名通り、近畿地方には大きな勢力を持っていることは沿線を走るバス会社からも理解できる。たとえば、大阪なら大阪市と高槻市に公営バスがあり、阪急沿線は阪急バス、京阪沿線は京阪バスのテリトリーとなっているが、奈良県には路線バスを運行するバス会社が奈良交通一社しかなく、奈良交通は近鉄系列である。また三重県にも有力なバス会社は三重交通一社といってよく、県内の路線バスの九〇パーセント以上は三重交通によるが、その三重交通も近鉄系列である。さすがは日本一の私鉄を誇るだけあって、大阪から奈良、三重にかけて、近鉄が交通網全般を担っているのである。

41 西日本「JRバス」いまに残る「国鉄バス」的ローカルバス

近年ではほとんど味わえなくなったものに、かつての国鉄バスへ乗り継ぐ旅がある。国鉄バスは当時の国鉄路線の補完役で、鉄道が計画されていたものの未完成な区間や、鉄道路線同士を短絡するような区間に多く運行されていた。もちろん地域にとっても大切な交通機関であった。

ところが、国鉄からJRになり、バス会社も民間バス会社に移行することになった。そ

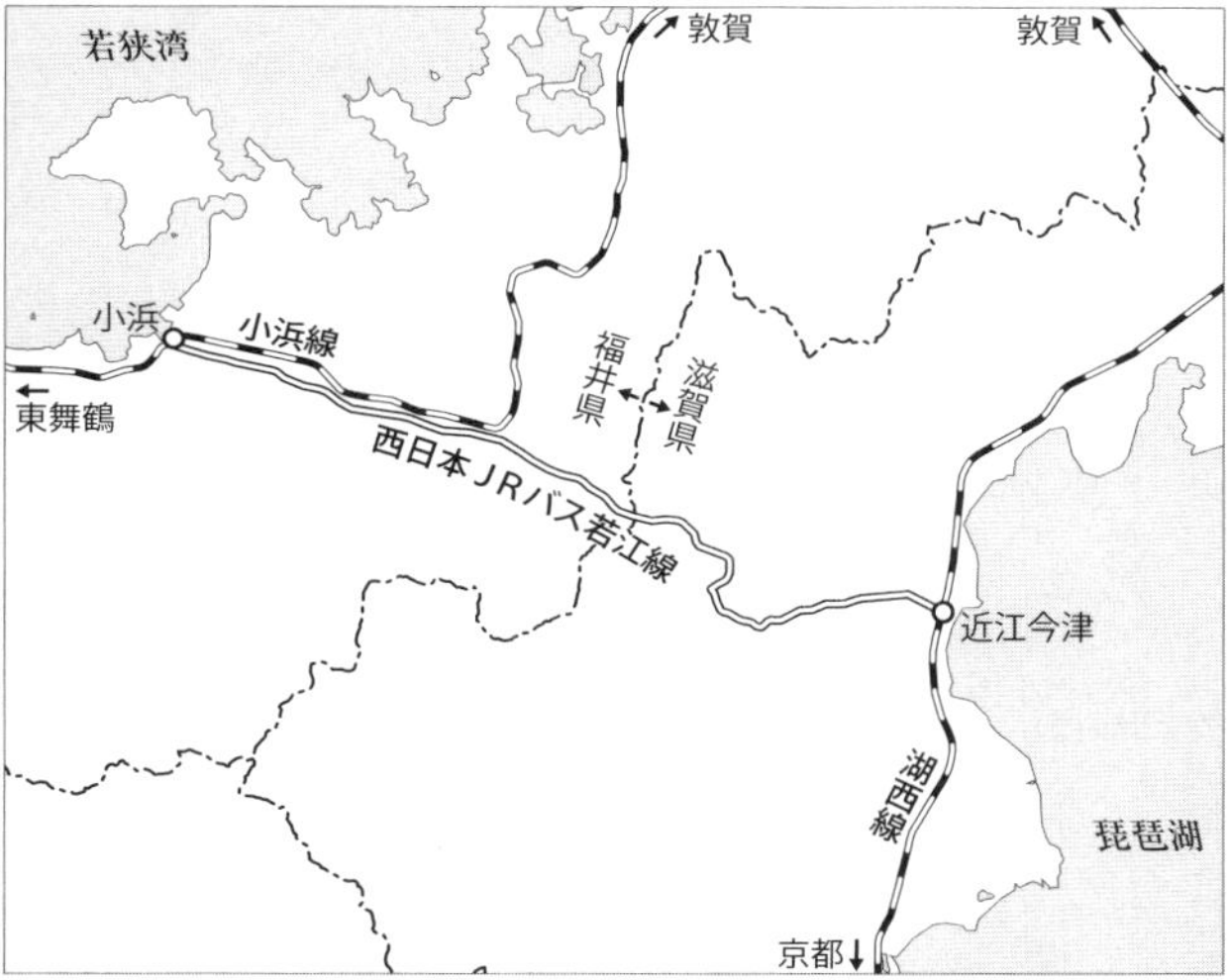

して、鉄道路線の補完という役割から、鉄道と対抗する高速バス運行に力を入れるようになり、JRバスが運行するローカルバスは全国でも数えるほどになった。JR東海バスのように、高速バス運行に特化し、地域のバス路線から撤退した会社さえある。しかし、そんななか、現在でも国鉄バス時代を彷彿とさせる路線も残っている。

京都からJR湖西線に乗り、近江今津で下車する。湖西線は、近江今津までは通勤客などが多く、東海道本線の「新快速」も近江今津までは多く乗り入れている。そのほか、福井県の敦賀に達する列車も近江今津で編成を短くする。この近江今津で下車すると、西日本JRバスの若江線が出ていて、滋賀県と福井県の県境を越えて小浜線の小浜に達する。JRの路線同士を近道で短絡する路線で、まさに現代に残る「国鉄バス」的ローカル路線バスの旅ができる。途中、県境付近では山間を通るので、滋賀県から日本海側の福井へ抜けるといった実感もある。

どのような経緯で、民間バスではなくJRバスが運行することになったのであろうか。この路線には意外な歴史がある。滋賀県大津市には江若交通（京阪系列）というバス会社があり、JR湖西線沿線に生活路線を運行している。このバス会社の前身は江若鉄道という鉄道会社で、浜大津〜近江今津間を琵琶湖西岸に沿ってディーゼルカーを運行していた。「江若」という社名は近江（滋賀県）と若狭（福井県西部）を結ぶという意味で、将来的には県境を越えて若狭湾にのぞむ小浜まで達する計画であった。

ところが、江若鉄道は国鉄が買収することになり、一九六九年に廃止され、その跡地にできたのが一九七四年開業の湖西線なのである。湖西線は、関西と北陸とを結ぶ短絡線として機能し、それまで米原を経由していた北陸方面への特急や急行はほとんどが湖西線経由となってスピードアップが図られ、沿線は関西のベッドタウンとして発展した。そして、国鉄が江若鉄道を買収した際、当時の江若鉄道の計画部分であった近江今津〜小浜間の未開通部分も国鉄若江線として計画線に組み込まれることになった。このときに「江若」か

小浜線小浜駅前から、西日本JRバスの湖西線近江今津行き路線バスが発車する

ら「若江」と字の配列が逆になり、鉄道線となるまでは国鉄バスが運行することになったのである。

その後は、国鉄再建法などで若江線の鉄道建設は中止となり、国鉄バス路線は西日本ＪＲバスに引き継がれて現在に至っている。つまり、この路線は、鉄道として計画されていたものの、未完成に終わった路線をＪＲバスが運行しているのである。

福井県小浜市は関西の経済圏となるものの、小浜と大阪、京都、神戸などを乗り換えなしで結ぶ列車はない。高速バスに京都や大阪行きがある程度だ。関西から距離的に近いものの、意外と不便な地ということもできる。すると、路線バスで近江今津に出ることによって、「新快速」に乗り継げるというのは、小浜の人たちにとっては大切なルートとなっているのである。

42 嵯峨野観光鉄道　旧国鉄山陰本線を利用した異色の観光鉄道

京都では嵯峨野観光鉄道が人気の路線である。トロッコ列車専用路線で、その名の通り観光のための鉄道である。

京都を流れる桂川は嵐山では渡月橋がかかり、その桂川は嵐山から北へさかのぼると保津峡という景勝地となる。嵯峨野観光鉄道は、その保津峡に沿うように走っている。お寺巡りとは一味違った体験ができる。京都市内の定期観光バスルートにも組み込まれているほか、近年は京都を訪れる外国人観光客に人気で、桜や紅葉の季節は予約が困難になるほどである。

嵯峨野観光鉄道の生い立ちも知っておきたい。この鉄道は、旧国鉄山陰本線そのものである。かつて、山陰本線は東海道本線や山陽本線などに比べてローカル線然としており、京都という都会を始発にするものの、単線未電化であった。しかし、沿線の宅地化が進み、京都への通勤路線になるには複線電化は必須であった。

当時の山陰本線は、京都を出発し、嵯峨（現 嵯峨嵐山）を過ぎると山間へと分け入り、トンネル、鉄橋、そして保津峡に沿う険しい地形を走っていた。当時の山陰本線は、京都

保津川に沿う嵯峨野観光鉄道は連日満員の観光客で賑わう

を出発して景勝地をくねくねと走っていたのである。しかし、この崖にへばりつくような区間で、単線の電化していない小さな断面のトンネルなどを複線電化するのは、新線建設に等しい大工事になる。

そこで、この保津峡部分の路線を一直線に貫くように複線電化の長いトンネルを新たに掘り、山陰本線はスピードアップが図られた。美しい車窓は失われたが、山陰本線は単線未電化の細道から、大都市近郊の通勤路線に生まれ変わったのである。

その際、保津峡沿いを行く旧線は線路を撤去することなく残し、トロッコ列車専用の観光鉄道としたのが嵯峨野観光鉄道なのである。そのためＪＲ西日本の子会社となっている。

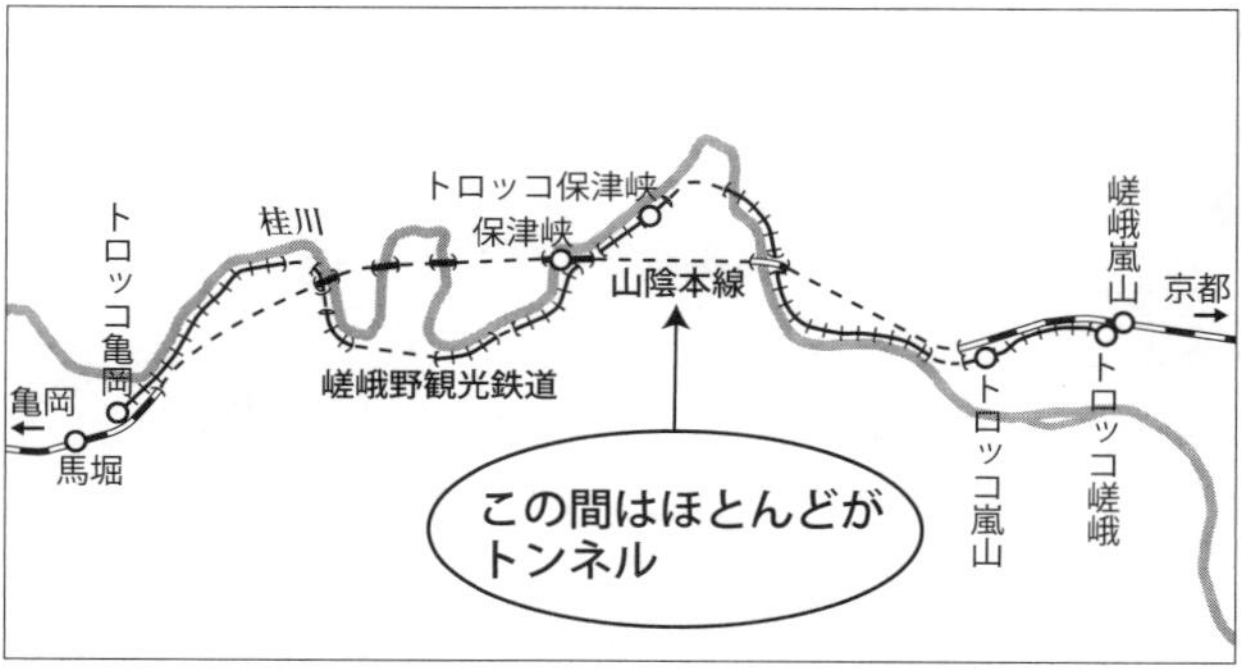

このような経緯があるため、おじさん世代はトロッコ列車ではなく、通常の山陰本線の列車としてこの区間を乗ったものである。

当時、この区間には特急「あさしお」、急行「丹後」などが運行していた他、普通列車の多くはＤＤ51形、ＤＤ54形、ＤＦ50形といったディーゼル機関車の引く客車列車であった。単線のため、保津峡駅で対向列車を待ち合わせることも多かった。盛夏の京都が酷暑であっても、保津峡あたりは山間に涼しい風が吹き、亀岡まで来ると、車窓は「山陰」といった風景に変わっていたものである。

嵯峨野観光鉄道のトロッコ列車にも特徴がある。車両は国鉄時代のディーゼル機関車＋無蓋貨車（屋根のない貨物車）を改造したトロッコ車両で、亀岡発は機関車がトロッコ車両を引っ張って運行するものの、逆に嵯峨発の列車は機関車がトロッコ列車を推して運行する。通常、日本では機関車を動力車とする列車は、常に機関車が先頭に立ち、客車を引っ張るものだが、ここでは終点に到着しても機関車のつけ替えは行わない。トロッコ列車の先頭部分にも運転台があり、そこから機関車を遠隔操作することで、片道はいわゆるバック運転のようなスタイルで運行している。

ヨーロッパなど、海外ではポピュラーな運転方法だが、日本では低速で運転する列車にしか認められておらず、トロッコ列車はスピードを出さないので、このような方法が可能となった。

43 阪急電鉄 私鉄王国関西を牽引する阪急・京阪

鉄道ファンならずとも、関西へ行ったら体験しておきたいことに大手私鉄に乗ってみることがある。たとえ「青春18きっぷ」など、JRの割引切符を利用していたとしても、一日はJRを使わずに、関西の私鉄を存分に体験したいものである。

しかし、東京にだって大手私鉄はたくさんある。では、東京と大阪ではどう違うのか。東京の私鉄は、京浜急行電鉄など一部を除いてJR山手線を軸にして放射状に伸びているので、各社にはそれぞれのテリトリーがあり、競争関係にある鉄道会社が少ない。そのため、押しなべてどの路線も同じような車両が走っている。中央線（JR東日本）、東横線（東京急行電鉄）、東上線（東武鉄道）など鉄道会社が違っても、各路線の個性は稀薄である。いわば「並みの」通勤車両ばかりが走っている。

ところが、関西では大阪から京都、神戸、和歌山など主要都市へはJRと私鉄は接近して並走していることが多く、JRが国鉄だった時代から熾烈な競合関係にあった。とくに京阪神と呼ばれる京都～大阪～神戸間には、JRと私鉄二社が競合関係にある。そのうち大阪～神戸間に関しては、阪急電鉄と阪神電気鉄道が同じ持ち株会社の傘下になったものの、京阪神間での鉄道のサービス合戦は伝統のようなものとなっている。全国的に国鉄時代からサービスレベルが低いといわれるJRも、京阪神間では国鉄時代から俊足の「新快速」を一五分間隔で走らせるなど、サービスレベルが高い。

それでは、もっとも関西私鉄らしさが味わえる大阪～京都間で、阪急電鉄と京阪電気鉄道を乗り比べてみよう。阪急電鉄の起点は梅田駅。私鉄というにはあまりに立派な駅で、京都本線、宝塚本線、神戸本線それぞれ三線計九線のホームが櫛形に並ぶターミナル駅である。上野駅の地平ホームが寂れた現在、日本でもっとも「ターミナル駅」という言葉が相応《ふさわ》しい堂々とした駅で、それぞれの列車計三本が同時に発車する様子は圧巻で、三列車は十三《じゅうそう》まで並走し、十三で三方向に分かれる。

阪急電鉄梅田駅は９本の線路が並ぶ日本最大のターミナル駅

京都本線の特急は一〇分おきに出発し、おもに使われている９０００系は転換クロスシート、クッションも軟らかい。車内の壁は木目調、照明は関東のような蛍光灯むき出しではなくカバーがあり、貫通ドアは自動ドア、車椅子スペースにも折り畳み座席があるなど、通勤電車とはいえ乗客への細かな配慮がある。

京都側の終点、河原町に着いたら、四条大橋をわたって鴨川を越えると京阪電気鉄道の祇園四条である。ここから特急に乗車して大阪の淀屋橋へ向かおう。

特急に使われている８０００系の特徴は、何といっても二階建て車両を連結していることにある。しかし、追加料金などはない。関西では東京で普段味わえないような車両が、気軽な庶民の足として普通に走っているのがいい。いつも利用している人にとってみれば、二階建て車両は珍しいものではないので、特別混んでいるということもない。関東の人間が一番驚くであろうことは、座席はもちろんクロスシート、この車両は乗車券だけで乗れる通常車両なのに、吊革がないことであろう。特急はラッシュ時以外に運行するが、折り畳みの補助席などがあり、基本は全員が着席して乗るもので、ぎゅうぎゅう詰めの満員電車を想定していない。

東京と大阪では、都市人口が異なるので一概にはいえないかもしれないが、競合があることから、関西では大手私鉄が都市の電車のレベルを牽引している。関西の私鉄を体験すると、通勤事情における関東と関西の違いを、みせつけられるのである。

44 北神急行電鉄 神戸市営地下鉄と直通して六甲山をトンネルで貫く

神戸もJRではなく私鉄が面白い。神戸は港町で、中心街は東西に長く、北側には六甲山が連なっている。六甲山は神戸の観光名所で、ところどころケーブルカーやロープウェイで登ることができ、山頂からは港神戸の夜景が楽しめる。函館、長崎などと並んで港夜景の美しい街である。

北神急行電鉄線を通り、谷上で六甲トンネルを出る神戸市営地下鉄車両

こんな神戸であるが、六甲山があることが鉄道に少なからず影響を与えている。神戸市は六甲山があるからといって、六甲山の北側がすぐ中国山地というわけではなく、六甲山の北側も宅地開発されているほか、三田《さんだ》市や有馬温泉などもあり、六甲山を越えて山の北側に行く機会は多い。

神戸には、その名も神戸電鉄という阪急系列の私鉄があり、神戸市中心の湊川から六甲山の北側にある有馬温泉、三田、粟生などとを結んでいる。神戸と周辺を結ぶ通勤電車としての役割の高い路線である。湊川を出た電車は、六甲山に続く山を登って最初の分岐駅である鈴蘭台へと至る。車窓にみえる神戸の街はどんどん低くなり、まるで登山電車といった急勾配の私鉄である。それもそのはずで五〇パーミル以上の勾配が連続する。五〇パーミルというと一〇〇〇メートル進んで五〇メートル高度が高くなる勾配で、鉄道で五〇パーミルというのはかなりの勾配に値する。そのため神戸電鉄の電車は四両編成中四両とも電動車などという強力編成が多い（通常、電動車比率は五〇パーセントほど）。

いっぽう、急勾配ではなく長大トンネルで六甲山を越えるのが北神急行電鉄である。北神急行電鉄は阪急電鉄や神戸電鉄が出資する鉄道会社で、神戸市営地下鉄と相互乗り入れを行っている。路線形態からすると、神戸市営地下鉄の延長部分であるが、六甲山を貫くための鉄道といってよく、この部分だけが別会社として建設された。

市営地下鉄との接続駅が新神戸、そこから六甲山を貫き、神戸電鉄の谷上に至り、この鉄道会社には始発駅と終着駅の二駅しかない。といっても、全線で七・五キロメートルあり、この距離で六甲山の真下を貫いている。七・五キロメートルのうち、トンネルが七・二七六キロメートルなので、谷上駅のホームの部分を除いて、ほとんどがトンネルという異色の鉄道会社だ。神戸の街中からこの路線に乗り、谷上に到着すると、天気が変わっていることもある。高低差も二〇〇メートル以上あるので、神戸市街地が酷暑でも、谷上では少しひんやりすることもあるくらいだ。

このように、神戸の鉄道は六甲山と深く関わっていて、鉄道好きの旅行者からすると興味の尽きない路線構成となっている。だが、毎日利用している地元民からすると、問題もある。それは、六甲山を越えるための建設費がかさみ、運賃が高くなってしまったということだ。

たとえば、北神急行電鉄を例にすると、新神戸〜谷上間の運賃はひと駅なのに三六〇円もする。さらに新神戸からは神戸市営地下鉄路線、谷上から先は神戸電鉄路線となるため、実際、六甲山の北側の住宅地から神戸の中心街を往復すると交通費は一〇〇〇円を超えてしまう。しかし、これでも安くなっていて、北神急行電鉄の運賃はかつて四三〇円もしていて、建設したものの通勤時以外は閑古鳥が鳴くあり様だった。そこで、神戸市の補助で一九九九年から値下げしたという経緯を持っている。

一般に、関西エリアは鉄道が便利にできていて、私鉄のサービス合戦などが盛んに行われているため、鉄道が強い地域である。大阪、京都、神戸から近郊への高速バス、行楽地への高速バスがほとんどなく、その理由として鉄道が便利であるということがある。ところが、そんな地域性があるなかで、六甲山の北側への交通だけはバスが有利となっていて、大阪から有馬温泉へはＪＲバス、阪急バスがともに多くの便を運行するほか、神戸の三宮から三田へも神姫バスの近郊路線に人気がある。

45 JR西日本「宇野線」フェリーで四国へ……

私が鉄道に興味を持ちはじめた頃は、飛行機はまだまだ庶民の交通機関ではなかったので、旅といえば鉄道の利用が常識であった。関門トンネルはあったものの、青函トンネルも瀬戸大橋も未開通だったので、青森〜函館間や宇野〜高松間には鉄道連絡船が行き来していた。鉄道での長旅に一息いれるにはもってこいの航路だったと思うし、現在のように長大トンネルや橋で越えるのと違って、「海の向こう側に行く」という実感があったものである。「旅」という観点からすると、明らかに以前のほうが味わい深かったと思うし、現在のように鉄道だけで上陸してしまうと、「遠いところに来た」という達成感が稀薄になってしまう。

それでは現在、これらの区間で、あえて鉄道を使わずに昔ながらのフェリーに乗ることはできるのだろうか。すると、鉄道連絡船はなくなったものの、民間会社のフェリーが残っている。残念ながら青森〜函館間のフェリーは、フェリー乗場が青森、函館ともに鉄道駅から遠く不便だが、宇野〜高松間は宇野、高松ともにフェリー乗場が鉄道駅の近くにあるので、意外にも昔と変わらぬ旅が楽しめる。

高松郊外にある屋島を右手に、宇野に向けて出港する四国フェリーの「玉高丸」

現在は、鉄道利用ののんびり旅であっても、「青春18きっぷ」などで瀬戸大橋を行く「マリンライナー」に乗車できるので、あえて別の切符を買ってまでフェリーを使おうという気にならないだろう。しかし、鉄道の旅に少しだけフェリーを組み合わせるというのは行程に変化が出て楽しいものである。

旅の起点は岡山駅だ。宇野線は岡山〜宇野間の路線であるが、現在はこの間を直通する列車は少なく、岡山から高松行き「マリンライナー」に乗り、茶屋町で下車して、茶屋町〜宇野間のローカル列車に乗り換えとなる。この路線は、連絡船時代には四国への通り道的な性格が強かったが、瀬戸大橋ができてからは、メインルートを完全に瀬戸大橋線に奪われてしまった格好だ。茶屋町〜宇野間は単線の細道で、現在改めて乗ってみると「こんなに田舎の細道だったっけ」と思うほどに寂れてしまっていた。

私は母方の実家が高松だったので、幼少時に何度か宇野線に乗ったことがあった。当時は特急「うずしお」「ゆうなぎ」、急行「鷲羽」、夜行列車も寝台主体の「瀬戸」、庶民的な「さぬき」と多くの長距離列車が走っていた。その頃のことが嘘のように現在はローカル線然としている。

宇野〜高松間を運航するのは四国フェリーという船会社、所要時間一時間五分、運賃六九〇円、一日にこの間を一〇往復している。岡山〜高松間を鉄道で移動できるようになってからは、フェリーの利用者は少なく、自動車やトラック航送を伴う需要がほとんどである。そのため徒歩で、このフェリーを利用する人は数えるほどしかいない。

しかし、人間だけでも利用できるのはもちろん、船内では宇高連絡船時代を彷彿とさせるうどんも食べられる。船名は「玉高丸」といい、玉野市と高松市を結ぶという意味がある。以前の「宇高連絡船」は宇野と高松を結ぶという意味があったが、現在は駅だけが「宇野駅」を名乗っている。玉野市は、以前の玉村と宇野村が合併してできており、双方の村名を一字ずつとって玉野市になったが、駅はそれ以前からあったので宇野駅のままという経緯がある。

瀬戸内海の島々を眺められるフェリーには、片道六九〇円かける価値は充分ある。航路の関係で、宇野から高松へと高松から宇野へはかなり離れたところを通るので、行きと帰りで景色に差があるのも興味深い。フェリーからは、天気がよければ遥か西方に鉄道の通る瀬戸大橋がみえるだけで、間近にみえることはない。

フェリーに乗り、甲板に出て潮風を体感するのは心地いい。本州と四国は三本の橋で結ばれ、鉄道利用でも高速バス利用でもあっという間に四国入りできる時代となったが、瀬戸内海を体験して四国入りするのもいいものである。

46 広島電鉄　路面電車は動く電車の博物館

鉄道ファンが名古屋、大阪、福岡などに出張するのと、広島出張ではちょっとニュアンスが違う。広島は路面電車の発達した都市で、仕事の合間に、あるいは仕事を終えて夜になってからでも路面電車を楽しむ人が多い。鉄道ファンにとって路面電車のある街とない街では扱いが異なり、とくに広島は路面電車網が多いので一目も二目も上に考えられている。

人によっては「路面電車＝古いもの」と思われる向きもあるが、広島に行くとそんな考えは吹き飛んでしまう。そもそもヨーロッパでは路面電車は、都市交通として当たり前に扱われていて、新たに路面電車が開通する都市だって珍しくない。アメリカでさえクリーンな都市交通として路面電車を見直している。そういう意味では、路面電車を自動車交通の妨げになるとして、大都市から次々に廃止した日本のほうが、世界では少数派である。

路面電車を「市電」と呼ぶ人も多い。確かに現在でも札幌、函館、熊本、鹿児島などは市の交通局が路面電車の運行に携わっている。だが、実は路面電車は民間会社が多いことも事実で、広島電鉄、伊予鉄道、とさでん交通、長崎電気軌道、富山地方鉄道など、私鉄が運行している都市のほうが多い。「市電」と呼ばれるのは、以前、日本には仙台、横浜、名古屋、京都、大阪、神戸などの大都市では、市の交通局が運行する路面電車が多かった名残であろう。

しかし、これらの都市の路面電車はいずれも廃止されて現在はない。これらの都市は、地下鉄運行にシフトしてしまった。つまり、広島は都市内交通として、いわゆる地下鉄を採用しなかった、もっとも大きな都市なのである。仙台や京都を考えると、路面電車を廃止して地下鉄を建設したが、かといって地下鉄は路面電車の代役は果たしておらず、バスに切り替わっただけである。路面電車を廃止したものの、交通渋滞が解消されたわけでは

連接の最新車両が走る反面、旧京都市電も活躍する広島電鉄市内線

ない。

広島電鉄の路面電車網は日本最大で、車両数も断トツで日本一である。広島では「路面電車が残っている」とか、路面電車がノスタルジー的に扱われる雰囲気は微塵もなく、堂々と基幹都市内交通として活躍し、頻繁に新車も導入されている。また路線は一から九系統までの八系統もある（四系統が欠番）。五車体連接車両もあり、広電西広島から宮島までは専用軌道を高速運行し、郊外電車となる。まるでドイツの路面電車のような運行をしている。

ちなみに、広島には広島高速交通、通称「アストラムライン」というゴムタイヤ駆動の交通機関があり、市内中心部では地下を走っているが、郊外の住宅地と市内中心部を結ぶもので、都市内交通とはいい難い。市内主要地である広島駅、バスターミナル、宇品港、原爆ドーム、平和記念公園などを結ぶのは路面電車である。

車両はバラエティに富み、日本製最新車両やドイツから輸入したモダンな車両が走る反面、京都、大阪、神戸、福岡を走っていた路面電車などが、多くはその都市で活躍していた当時と同じ姿で運行していて、これが鉄道ファンに人気の大きな理由となっている。しかし新型車両が増えたため、神戸や福岡の路面を走っていた車両は出会う機会が減っているというのも現実である。

広島を訪れた際は、市内で路面電車を楽しむ時間を確保しておくことをおすすめしたい。

47 JR西日本「山陽本線」貨物列車を後押しする峠の機関車

日本の国土は世界的にみると、狭い島国に多くの山があるという特徴があり、鉄道はいたるところで山越えがある。多くの県境で急勾配を登ったり、トンネルをくぐったりして山を越え、ときにはスイッチバックやループ線となることもあった。車両性能もその山を越えるために進化したといっても過言ではないかもしれない。

そして、多くの路線で「補機」も活躍した。現在では「補機」という言葉はほとんど使われる機会をなくしてしまったが、勾配を登るための補助の機関車という意味である。勾配が長く続く区間などでは、最初から機関車を複数連結して重連などとしたが、ごく短い区間ながら急勾配となる区間では、その間だけ助っ人として補機を連結して勾配区間で客車や貨車を引っ張り上げたり、押し上げたりしていたのである。長野新幹線の開通で路線自体がなくなってしまったが、群馬・長野県境の碓氷峠などが代表的な例であった。

では、現在のJRで特定の区間のみ補助の機関車を使っている例はあるかというと、広島県の山陽本線に存在する。山陽本線を広島から三原、岡山方面の列車に乗車すると、住宅地がほぼ終わる場所に瀬野という駅があり、瀬野を出ると電車はモーターを唸らせながら、瀬野川に沿って山間へと入っていく。隣の駅が八本松という駅だが、その一駅の間が一〇キロメートル以上あり、その間ずっと二〇パーミル以上の上り勾配が続く。瀬野〜八本松間の峠なので、古くから「瀬野八」と呼ばれ、客車時代は旅客列車でも補助の機関車を必要としていた。

ここを通る旅客列車が電車だけとなった現在は、旅客列車が補助の機関車の力を借りることはなくなった。それでも運行できる電車の車種は限られていて、この連続した勾配を下るためには抑速ブレーキが備わっている必要があるので、呉線などを運行する通勤用1

「赤い補機」と呼ばれる補助のEF67形電気機関車が連結された、上り貨物列車

０３系電車はこの区間に足を踏み入れることができない。

現在でも、補機を必要としているのは貨物列車で、広島から三原方面へ向かう上り坂となる列車にのみ後補機と呼ばれる補助の機関車が連結されている。先頭で引く機関車があり、最後部で補機の機関車が後押しを行う。連結されるのは広島（旅客の広島ではなく広島の貨物駅）から西条までで、勾配を下る逆区間では補機の連結はないので、補機の機関車は貨物列車を押し上げては回送列車となって広島まで戻るのである。

補機として使われるＥＦ67形電気機関車は、紅葉の色をした赤い機関車で全国でもここでしかみられない機関車とあって、鉄道ファンの注目度も高い存在となっている。

　それでは、広島から西条まで山を登り、その先の三原方向へ向かうときには山を下っているのだから、当然、逆の三原から広島方向に向かうときにも勾配区間が存在するはずである。しかし、補機が必要とされるのは広島から三原行の上り方面列車だけなのはなぜだろうか。

　山陽本線を岡山から広島方向に向かうと、三原までは海のそばを走っていて、三原から山間部へと入っていく。三原から先、瀬戸内海に沿うのは呉線である。三原を出た列車は徐々に高度を上げていくことは確かなのだが、その勾配は緩やかで、距離を稼いで高い高度へと登って行くのである。そのため、補機が必要なほどの急勾配がないのだ。つまり三原から広島に向かうと、徐々に登り、八本松から急に下るという線形になっている。広島から三原に向かう上り列車にのみ補機が必要になるのは、こうした理由である。

48 JR西日本「山陰本線」長距離鈍行と急行列車の宝庫だった

　中国地方を東西に走るJRの幹線といえば、瀬戸内海側の山陽本線と日本海側の山陰本線である。そのうち日本の鉄道旅情に満ちているのは、何といっても山陰本線である。一部電化している区間があるものの、単線非電化区間が多く、漁村を結んで走るといったローカル風情が体験できる。夏には穏やかな日本海が広がり、冬にはグレーの荒れた海が車窓に展開する。一年を通じて温暖な感じのする山陽地方に対して、山陰地方は季節によって顔が変わり、時には優しく、時には厳しい気候というのも旅心をくすぐるのである。

かつて、国鉄時代は山陰本線といえば長距離鈍行やディーゼル急行の宝庫であった。福知山あたりから下関あたりまでを早朝から深夜までかけて走るディーゼル機関車が引く客車鈍行は、乗るだけで「旅」を満喫できたものである。しかし、現在は急行列車がなくなり、普通列車も特急列車も編成は短くなり、かつてのような鉄道旅の良さが感じられる列車は数を減らしてしまった。

そんななかで、おすすめの快速列車が山陰本線にはある。鳥取〜米子間の「とっとりライナー」と米子〜益田間の「アクアライナー」である。ともに快速列車なので乗車券だけで利用でき、「青春18きっぷ」を利用した旅などにはもってこいである。車内設備もよく、昔ながらの四人掛けボックスシート中心である。窓も大きく車窓をみるにも都合がいい。

全体的には、ずば抜けて優れた車両というわけではないのだが、山陰本線の出雲市〜益田間の普通列車は多くがレールバスのような簡素な車両で、車窓の楽しめないロングシート主体で、さらに車体が小さいため混雑し、のんびりローカル線の旅といった雰囲気では

日本海を右車窓に走る山陰本線の快速「アクアライナー」

ないのだ。そのため山陰本線を「青春18きっぷ」などで旅するなら、「とっとりライナー」「アクアライナー」の利用をおすすめしておきたい。

それでは、JRの普通列車の車内設備が全体的に簡素になるなか、一部の車両だけ優れた車内設備が保たれる理由はというと、この「とっとりライナー」「アクアライナー」の車両は、鳥取県、島根県の資金援助によって導入されたからである。こういった状況は他の地域でも例は多く、トイレのない車両が計画されていたものの県の補助でトイレつき車両になることなどしばしばである。

山陰本線は、以前と役割が変わっていないという特徴もある。

山陰の主要都市というと鳥取、米子、松江、出雲、浜田などがあり、これらの都市と大阪や広島の間も以前は鉄道が主役であった。しかし、現在は高速道の整備で高速バスの役割が大きくなり、中国山地を越える鉄道路線は伯備線など一部を除いて寂れてしまった。たとえば、かつては広島と山陰を結ぶ急行列車が多かったが、現在は主役を高速バスに完全に奪われている。

ところが、山陰の都市同士を結ぶ高速道は未整備で、現在でも鉄道が主役なのである。本来なら競争相手があったほうがサービスは良くなるのだが、それは双方が競合していても成り立つくらいの需要があればの話である。

かつての急行列車などを思い起こしながら、山陰本線を快速列車でたどってみたいものである。

49 JR西日本「木次線」スイッチバックで山陰の屋根を行く

中国山地を走るローカル線に、JR西日本の木次線がある。木次線は宍道湖をのぞむ山陰本線宍道駅から中国山地に分け入り、広島県を走る芸備線の備後落合までの路線である。単線非電化の典型的なローカル線で、線路は右に左にカーブし、まさに山のなかをくねく

爽やかな風を受けて、木次線のトロッコ列車「奥出雲おろち号」が快走する

ねと走る路線である。

中国地方には、長野県や新潟県にあるような際立って高い山はないが、全体的に山で構成されていて、鉄道の線路は土地の低い部分を求めて敷かれたので、くねくねと曲がった線路が多いのだ。

木次線を全国的に有名にしたのは、三段式のスイッチバックで山を登るためで、途中の出雲坂根駅から進行方向を二度変えて山にへばりつくように中国山地を登る。みるみると登ってきた線路が眼下になり、視界が開けていく車窓に人気がある。山を登ってたどり着いた三井野原駅は、JR西日本では最高地点となる海抜七二七メートルにある。

現在はここを国道三一四号線が並行しており、自動車でも通常の形では登ることができず、国道もループ、通称「奥出雲おろちループ」でぐるりと一周半して高度を稼ぐ。鉄道も道路も、ここで高度をぐんぐんと上げて島根県から広島県へと入る。

木次線を走る列車の多くが、たった一両のレールバス風の小振りな車両によるワンマン列車である。かつて、木次線には広島と松江などを結ぶ急行列車「ちどり」が運転されていたが、都市間の輸送は完全に高速バスの時代となり、木次線はその役割を果たさなくなり、わずかな地域需要だけの路線となった。

名物のスイッチバックをみるために、「青春18きっぷ」などを利用した鉄道ファンが乗る程度となったが、沿線は、山陰の山奥といった素朴な風景が展開する。すっきり晴れる日が少なく、いつも山すそには雲がまとわりつくような車窓となり、それが逆に神秘的である。奥出雲が神話の故郷であることを思うと、よけいに異次元を旅している気分になれるから不思議だ。

こんな木次線が観光客で賑わう時期がある。JR西日本では、トロッコ列車「奥出雲おろち号」を観光シーズンを中心に走らせている。奥出雲の風景をトロッコ列車から満喫しようという列車で、鉄道ファンにも人気がある。全国で運転されているトロッコ列車の多くが、既存のディーゼルカーの壁をくり抜いたような車両である。しかし、「奥出雲おろち号」は、ディーゼル機関車が引く客車列車だという点に特徴がある。日本全国でも、機関車の引く列車は貨物列車を除くとほとんどなくなったので、貴重な存在である。引かれる客車は12系客車。一九七〇年の大阪万博のときに、おもに大阪への臨時列車用として製造された客車である。

松江あたりに宿泊し、木次線と芸備線を乗り継いで広島あたりに抜ける一日程度の旅に最適のルートである。

50 JR西日本「三江線」 県境を進むローカル線のなかのローカル線

島根県と広島県を中国山地で結ぶ路線に、三江線というローカル線がある。山陰本線江津と芸備線三次を結んでいるためこの路線名がついた。

三江線は、列車本数が少なく、上手にスケジュールを立てるのが難しい。通学列車としての役割ぐらいしかないのか、始発は冬だと暗い時間から走り、夕方の列車は途中で暗くなる時間帯となるので、始発から終着まで車窓を楽しめる列車がほとんどないのだ。三江線に乗るなら、三次発午前の一本を利用するか、あるいは日の長い夏季に乗るかという選択になる。スケジュールを立てる段階で、三江線はかなり手強い存在である。

私は江津から三次に六時発の始発列車で抜けることにしたが、ここでさらに問題があった。前夜は江津に泊りとなるが、江津市は寂れていて駅周辺に適当な宿泊施設が少ないのだ。そこで近くの浜田駅の近くに宿泊し、山陰本線の五時三〇分発の始発に乗ると、江津でわずか四分で三江線に接続するので、この日は四時半に起きて三江線乗車に備えた。三江線に乗車するには、かなり気合を入れて計画を立てないと上手にスケジュールは立てられない。

三江線は全線で一〇八・一キロメートルあり、そこを約三時間半かけてゆっくり走る。江津には江の川という山陰の大河の河口が広がり、三江線はこの川に沿って中国山地の山懐へと歩を進めていく。江津を出て間もなく川に沿い、ほとんど集落のない地を一両のワンマンカーが進むのは秘境列車といってよく、「観光列車かトロッコ列車でも走らせれば人気が出るのでは」などと思ってしまう。

しかし、何駅か進むうちに「トロッコ列車」などという考えは吹っ飛んでしまう。沿線は自然だけが支配し、時おり「カタカタカタ」といっては、線路沿いの木の枝などが車両にあたる。あまりにうっそうとした森のなかを進むので、かえってトロッコ列車では運転できないほどに、手つかずの自然のなかを進むのだ。

しかも、その景観がずっと続く。列車は時速三〇キロメートルほどでゆっくりと進むの

三江線の車窓には江の川に沿う手つかずの自然が広がる

で、景色も堪能できる。「景色にみとれる」くらいに日本の自然のなかを走り、いつしか、「観光列車が走って開発されるより、このままがいい」と感じるようになる。蛇行する江の川に沿って進むため、路線もくねくねと蛇行していて、島根と広島を結ぶものの、すんなりと県境を越えるようにはなっていない。一度、広島県に入って島根県に戻り、再び県境を越える。

列車は浜原を過ぎると、口羽駅までは軽快に飛ばす。なぜこの区間だけ軽快に走るのかというと、三江線で最後に開通した区間で、建設時期が比較的新しいからだ。三江線は、かつて江津側が三江北線、三次側が三江南線という盲腸線で、一九七五年に浜原〜口羽間が開通して一本の三江線となった。国鉄時代には越美北線と越美南線などのように、つながるはずだったものの未完成という路線は全国にけっこうあったが、三江線は全通することができた最後の事例だったのである。しかし、沿線に大きな町がないため利用者は少なく、輸送密度はJRの路線でもっとも小さく、収支的にはいつ廃線になってもおかしくない状況だ。

収支と車窓の美しさは反比例するものかもしれないが、多くの人に三江線に乗って江の川に沿う景観を体験してもらいたいと思う。ローカル鉄道のファンであれば、三江線は乗って損はない路線だと思うし、スケジュール的にはかなり乗りにくい路線ではあるが、苦労して乗るだけの価値はあるだろう。

51 JR西日本「山口線」 国鉄時代から運行される「SLやまぐち」

JR路線でSL列車が走るパイオニア的存在が、JR西日本の山口線である。ここは「SLやまぐち」が走ることで鉄道ファンにはよく知られている。

思えば、当時の国鉄から蒸気機関車の引く最後の旅客列車となったのは、北海道の室蘭本線のC57形で、一九七五年に姿を消している。その後、貨物列車や構内入換に蒸気機関車が使われる例はあったが、定期旅客列車はこれが最後であった。私が高校生の頃のことなのでよく記憶している。そして最後の列車を引いたのが、埼玉の鉄道博物館でメインの展示機関車として鎮座するC57形の１３５号機である。当時の鉄道ファンは蒸気機関車を「蒸気」と呼び、「ＳＬ」という呼び方はしていなかったように記憶している。

国鉄から蒸気機関車が牽引する旅客列車が姿を消したが、その四年後、一九七九年に山口線で蒸気機関車の復活運転が実現するのである。そういった意味では、国鉄の線路から蒸気機関車牽引の旅客列車が姿を消したのはたった四年だけだった。

ＳＬ運転の復活に山口線が選ばれたのには、それなりの理由もあった。現在となってはＪR西日本が運行する列車だが、国鉄がＪRとなったのは一九八七年のことなので、「ＳＬやまぐち」は国鉄時代から運行していたＳＬ列車である。

山口線の沿線は美しい景色が続き、湯田温泉や津和野などの観光地にも恵まれている。まだ国内線航空路が発達しておらず、飛行機は庶民の乗り物ではなかった。最寄りの宇部空港が「山口宇部空港」となり、ジェット便が飛ぶようになったのも一九八〇年のことであった。その当時は、東京から山口県でも鉄道を利用するのが当たり前で、新幹線で小郡（現 新山口）に行くか、九州行きの寝台特急で行くのが王道ルートであった。

つまり、東京から気軽に行ける小海線などでＳＬを走らせたのでは、東京からマイカーで来て、撮影だけして帰る人が多いだろうという考えから、新幹線と接続する山口線が走行路線として最適と判断されたというのだ。SL運転には、新幹線利用者を増やすという思惑もあったようだ。ともあれ、「SLやまぐち」は山陽と山陰をつなぐ西の線路を走り、勾配も多く、車窓も変化にとんでいて、煙をもくもく吐く姿と美しい景色とが相まって郷愁を誘う路線として全国的に人気となったのである。

機関車はC57形を使っている。さらにJR西日本はC56形も保有していて、「SL北びわこ」で運行しているが、このC56形が山口線に応援に派遣されてC57形と重連運転することもある。客車は、JR東日本の「SLばんえつ物語」などと同様に、一九七〇年の大阪万博のときに臨時急行用に製造された12系である。しかし、現在は、車内設備を「昭和風」「大正風」「明治風」とレトロな凝ったつくりとし、外観も昔風に焦げ茶色に塗られているので、12系の面影はなくなっている。運転区間は、新山口〜津和野間で新山口と津和野の機関区には、機関車の方向を変えるターンテーブルが残されており、行きも帰りも機関車が前を向いて運行する。

いまは、当時の国鉄の思惑とは裏腹に、山口へも航空機が一般的となり、割引運賃を使えば空を飛んだほうが安く、寝台特急は姿を消してしまったが、「SLやまぐち」は関東の人にも体験してもらいたいSL列車であると記しておこう。津和野から先の車窓も美しいので、津和野からは一般列車に乗り換えて山陰本線と合流する益田を目指したい。

山間にある山口線津和野駅を出発する「SLやまぐち」。重連運転も行われる

C57 1

52 JR西日本「小野田線」瀬戸内の工業地帯を行く異色のローカル線

山口県に、小野田線というローカル線がある。ローカル線といっても山野を行くのとは違い、工場街のような臨港地域を行く鉄道である。関東でいえば、JR東日本の鶴見線とイメージがだぶるかもしれない。

小野田線は、小野田市を運行することから小野田線を名乗っているが、もともとは小野田鉄道という私鉄で、戦前に国鉄が買収して小野田線となった。また、小野田と聞いて連想する人は多いと思うが、小野田セメント（現在は、秩父セメントと統合されて太平洋セメント）のあったところで、沿線にセメント工場があり、「セメント町」などという住所もある。

小学校で習った記憶があるが、日本は鉱物資源の少ない国で、そんななかで唯一自給自足できるのがセメントで、セメントがコンクリートの原料となる。山口県には美祢線というローカル線もあるが、沿線で石灰石が採掘され、それがセメントの原料で、美祢線には石灰石運搬の貨物列車が多く走っていた。美祢線は、利用者の少ないローカル線であるにもかかわらず幹線扱いなのは、貨物列車の収入が大きかったからである。山口県西部は工

荷物電車改造の１両のワンマン電車が発車を待つ。小野田線支線雀田駅

業の盛んな地域で、そのため北九州工業地帯に組み入れられている。

小野田線は、そんな地域を単線ながら電車が走る路線である。山陽本線の小野田から分岐し、宇部線の居能まで一一・六キロメートルのミニ路線（列車は居能ではなく宇部線に入って一駅目の宇部新川まで運転）だが、そのほかに雀田～長門本山間二・三キロメートルの支線というおまけ付きである。

この支線部分は一日に朝二本、夕方一本の計三本しか列車がない。「ＪＲ西日本の路線はほとんど乗った」という鉄道ファンでも、最後まで残ってしまうのが、この小野田線の支線であろう。朝の列車に乗るためには宇部界隈に宿泊する必要があり、夕方の列車では一年の半分くらいは日が沈んだ後になり、車窓が楽しめない。なかなかいい乗車チャンスがないわけだ。現実的には、夏の陽の長い時期の夕方に電車に乗る人が多いようだ。

私も夕方にこの電車に乗ってみた。車両は一両のワンマン電車で、クモハ123といい、荷物電車を旅客電車に改造した変わり種車種である。常識的に考えると、古くなった旅客電車を荷物電車に改造することはあっても、逆はなさそうに思えるが、古いか新しいかの問題ではなく、改造された当時、一両で走れる車両が旅客電車になかったためである。国鉄時代の旅客電車は最低単位が二両だったという事情がある。

支線は朝と夕方の運転で、小野田線沿線には工場街が多いので、工場勤務者などで賑わうのかと思っていたら、意に反して乗車しているのは数人だけだった。地元の高校生と鉄道ファンだけである。そこで高校生に、「この路線は朝と夕方しかないが、学校が土曜半ドンなどのときはどうするの？」と聞いてみた。すると、そういう日は自転車で雀田駅まで行くという答えだった。

雀田というのは、この支線の起点駅で、確かに雀田まで行けば列車の本数は多い。距離も二・三キロメートルしかない。列車は五分走って、終点の長門本山駅に到着した。ホームだけの無人駅であった。

しかし、駅のそばには瀬戸内海が広がり、対岸は九州で、九州の山々に沈む夕日で空が茜色に染まり、美しい光景であった。たった五分の乗車ではあるが、終着駅に感動が待っていた。冒頭、夕方の列車は一年の半分が日没後と記したが、ちょうど日没時に乗ると、感動的な夕陽がみられるかもしれないと記しておきたい。

利用状況に対しては、「このような乗車人数でよく廃止にならないな」と感じた。そもそも国鉄時代、その路線を廃止にするか存続するかは、その路線の利用者数で決められた。するとこの路線は利用者が少ないものの、「小野田線」の一部だということから救われた。もし、この路線が単独で「長門本山線」だったら廃止されていたであろう。一一七頁で伊勢鉄道の経緯を紹介したが、伊勢鉄道部分も関西本線の支線とみなされていれば、ＪＲ路線となってすっきりしたはずである。

ＪＲの路線、第三セクター鉄道になった路線といろいろあるが、必ずしも形態と利用実態は合致していないのである。

第5章 四国・九州

53 JR四国「乗り鉄」に便利なたくさんの乗り放題切符

「乗り鉄」という言葉が流行っているが、「乗り鉄」に最適な切符の横綱は、何といってもJR六社の普通列車が乗り放題となる「青春18きっぷ」であろう。しかし、「青春18きっぷ」の利用は年三回冬、春、夏のシーズンに限られ、特急列車なども乗れないので、「知ってはいるがあまり使ったことがない」という人も多いかもしれない。かといって、区間ごとに乗車券や特急券を購入していたのでは、「乗り鉄」はお金がかかってしょうがない。それに、目的地をはっきり決めず、気が向いたら途中下車してみる旅をしたいと思えば、やはり乗り降り自由の切符が便利である。

その点、切符面から鉄道の旅がしやすいのがJR四国である。「四国フリーきっぷ」は連続する三日間、JR四国の特急自由席を含めて乗り放題一万六一四〇円である。通年発売なので気が向いたときに旅行できるのがいい。

さらに割安に鉄道の旅ができるのが「バースデイきっぷ」で、連続する三日間、JR四国の特急グリーン車を含めて乗り放題一万二八〇円である。誕生日の月に利用することができ、一人が誕生月であれば、誕生月ではない人が同伴することもでき、複数人数分の切

山間の土讃線阿波池田駅に到着する高知行き特急「南風」

TUTUMI

符も用意されている。四国の旅は誕生日の月に行くのがお得となる。

誕生月でなくても特急グリーン車が利用できるパスはほかにもある。「四国グリーン紀行」は連続する四日間有効で二万五七〇〇円だ。JR四国の列車でグリーン車が連結されている列車そのものが少ないので、グリーン車に乗れるメリットをあまり感じないかもしれない。しかし、四日間用しかないものの、一日あたりの料金は、自由席しか利用できない「四国フリーきっぷ」よりも安くなる点は注目である。

これらの乗り放題切符を利用し、四国の往復は高松や松山空港へのLCCを利用したり、夜行高速バスを利用したりすればコストパフォーマンスが高くなるはずだ。

四国内の普通列車のみが乗り放題となる「四国再発見早トクきっぷ」もあり、こちらは一日二〇六〇円である。こちらは通年発売ながら、土曜・休日に限られるので三連休などに三日間連続で利用すれば格安に四国鉄道旅行が可能となる。ただし、この切符のみ当日発売を行っていないので注意が必要である。たとえば、夜行バスで四国入りし、現地で切符を買って、着いた日からこの切符を利用するといったことができない。

「四国再発見早トクきっぷ」を利用する場合の具体的なプランも考えてみよう。たとえば、成田発夕方のLCCを利用し、夜に高松や松山空港に到着、その日の夜のうちに翌日の「四国再発見早トクきっぷ」を購入し、翌日に備えたり、夜行バスで高松入りし、到着日は高松琴平電気鉄道の1日フリーきっぷ一二三〇円を楽しんだりするなどの工夫が必要であろう。

いずれにしても、四国を鉄道で旅するのは季節を選ばないといえそうだ。「青春18きっぷ」などが利用できない紅葉シーズンにも、旅ができるというのも大きなメリットである。

54 JR四国「瀬戸大橋線」日本に残る最後の寝台列車

二〇一五年、上野〜札幌間の「北斗星」と大阪〜札幌間「トワイライトエクスプレス」が最後となり、二〇一六年三月の北海道新幹線の開通を機に、上野〜札幌間の豪華寝台列車「カシオペア」と、JR唯一の急行列車だった青森〜札幌間「はまなす」が姿を消した。

これで、「ブルートレイン」と呼ばれた寝台列車の歴史にピリオドが打たれたのである。すべての列車に共通しているのは、青函トンネルをくぐることで、青函トンネルは新幹線と貨物列車専用となり、トンネルを通過する在来線の旅客列車はすべて廃止されたのである。

それでは日本に、時刻表に載っている寝台列車はあるのだろうかと眺めてみると、一つの列車だけ残っている。東京～出雲市間「サンライズ出雲」と東京～高松間「サンライズ瀬戸」で、この二つの列車は東京～岡山間は連結して走り、岡山で切り離されて二手に分かれて運行する。寝台列車というと「ブルートレイン」を想像するかもしれないが、この列車は電車で、それぞれが七両編成であり、機関車が青い客車を引く寝台列車のイメージではない。

寝台設備もブルートレインとは異なり、すべての寝台が一人か二人の個室である。見知らぬ四人が同じ区画でカーテン越しに一夜を明かす、昔ながらの寝台車はすでになくなっている。プライバシーは守られているが、食堂車などの公共スペースもないのでちょっと寂しい気がする。

しかし、何といってもこの二つの列車は日本に残る、おそらく最後の寝台列車なので、一度は乗ってみたいものである。東京から高松に行くにしても出雲に行くにしても、深夜に移動するのであれば、夜行バスのほうが運賃から考えて実用的ではあるが、個室寝台に揺られながら瀬戸大橋をわたったり、伯備線の美しい車窓を眺めたりするのは旅情が楽しめるというものである。

寝台車を利用するには、乗車券＋特急券＋寝台券が必要で、仮に東京～高松間を「シングル」で利用すると、乗車券一万一三一〇円＋特急券三二四〇円＋寝台券七五六〇円で計

「サンライズ」に１両だけ連結されている「ノビノビ座席」

二万二一一〇円となってしまう。東京〜高松間のＪＲ夜行高速バス「ドリーム高松号」の運賃が時期によって五八〇〇円から一万一五〇〇円までなので、寝台車はかなり贅沢な乗り物であることは間違いない。しかし、「サンライズ」にリーズナブルな料金で乗車する方法もある。

「サンライズ出雲」「サンライズ瀬戸」ともに七両編成と記したが、その七両すべてが寝台車ではない。一両のみだが「ノビノビ座席」という車両がある。

私は、以前からこのネーミングは誤解があるのではないかと思っていて、「ノビノビ座席」といわれると、「ゆったりした座席」と感じてしまうが、そうではなくカーペット敷きのスペースで、指定席扱いなので、一人分のスペースと一人一個の窓も確保されている。イメージとしてはフェリーの桟敷席のような雰囲気で、人によっては閉塞感のある一人個室より、「ノビノビ座席」のほうが快適と思う人もいるくらいである。

繰り返しになるが「ノビノビ座席」は座席ではないのだ。寝台券は不要で、東京〜高松間なら運賃＋指定席特急券は時期によって一万四八七〇円から一万五二七〇円となり、割高感が抑えられる。これなら、一度利用してみようという気にもなれるだろう。

こんな列車なら、北へ南へと日本中を走り回っていてもよさそうなのだが、この列車が登場して以来、東京から出雲市行きと高松行き以外に拡大する気配はまったくない。後継車両も登場していないので、現在運転されている車両が老朽化して引退した時点で、日本の寝台列車は一部の観光目的の豪華列車以外、すべて姿を消すのではないかと思われる。

では、この「サンライズ」はなぜ他の線区に及ばなかったのだろうか。たとえば、東京〜博多間くらいにも運転されていてもよさそうなものである。

しかし、そこにはさまざまな理由がある。ひとつは車両面である。「サンライズ」車両は直流専用電車なので、交流区間に足を踏み入れることはできない。そのため九州、東北、北陸方面へは運転できない。一般に交直両用電車にすると、床下や屋根上の機器が多くなる。「サンライズ」は寝台を全個室としたため、定員を確保するために二階建て構造になっており、床下、屋根上に余っているスペースがないということがある。

そして、もっとも大きな理由が鉄道会社側のやる気である。寝台列車となると長距離を走るので、異なるJR各社間を運転することになり、各社の思惑が異なるのである。現在の「サンライズ瀬戸」は、JR東日本・東海・西日本・四国をまたいで運転しているが、車両は東海と西日本が保有し、運転士などは各社がリレーして運転している。各社の思惑が一致しないと運転できないという事情がある。とくに都会では、「地方への寝台列車」より通勤電車の効率的な運転が優先される傾向にある。

さらに、東北や北陸方面はすでに途中に第三セクター化された区間があり、なおさら寝台列車の運転は難しいだろう。いや、運転したとしても夜行バスなどに比べて料金が割高なことから、「利用者がいない」というのも現実なのである。どこかさびしさを感じさせる話である。

55 第三セクター「阿佐海岸鉄道」 徳島・高知の県境を走る過疎地の鉄道

四国を海岸沿いに時計回りで南下しようと思うと、まずは高松を起点に高徳線で徳島へ向かう。徳島で牟岐《むぎ》線に乗り換えると、線名になっている牟岐を越えて海部《かいふ》という駅が終点になる。さらに第三セクター阿佐海岸鉄道に乗り継ぐと、高知県に入って甲浦《かんのうら》というところまで鉄道でたどることができる。高松駅を朝一番の特急列車で出発しても、甲浦到着はお昼頃になり、四国は狭いようでけっこう広い。

このルートの最後の部分となる阿佐海岸鉄道とは、阿波（徳島）と土佐（高知）を結ぶという意味でつけられていて、この路線は徳島・高知の県境部分を運行している。

国鉄時代、いずれは日本国中をくまなく国鉄の線路を張り巡らす計画があり、四国も鉄道だけで海沿いに一周できる予定であった。牟岐から南下し、室戸岬を経由し、さらに西へ進み、現在の第三セクター土佐くろしお鉄道、ごめん・なはり線となっている部分につながる計画だったのである。しかし、計画半ばにして国鉄の赤字問題などから計画は頓挫し、JRに引き継がれた。そして、牟岐〜甲浦間だけは工事がほとんど完成していたことから、この間だけでも開業させようと第三セクター鉄道となった、という経緯がある。

日本各地には、この鉄道に似た過程を経た第三セクター鉄道は数多い。国鉄路線として計画されていたものの未開業で、その区間を完成させて、地元中心に経営する第三セクター鉄道となった路線である。具体例として、新潟県の北越急行、兵庫県、岡山県、鳥取県にまたがる智頭急行、岡山県と広島県にまたがる井原鉄道、高知県の土佐くろしお鉄道の

徳島・高知県境のトンネルを出て
甲浦駅に向かう阿佐海岸鉄道

中村・宿毛線、また開業していた区間と未開業だった区間が混ざった秋田県の秋田内陸縦貫鉄道、岩手県の三陸鉄道も同じ例である。

しかし、このうち、つながる予定だった阿佐海岸鉄道と土佐くろしお鉄道、ごめん・なはり線を除くすべての路線に共通しているのが、「計画されていた路線を全線開業させた」という部分があり、四国東部の例だけが、お互いに盲腸線のままで、いわば未完成のままで一部区間を運行している格好だ。とくに阿佐海岸鉄道が実際に開業したのは、全体計画からすると「ほんのわずか」になっており、たとえば、この鉄道を使っても反対側に抜けられるわけではなく、開業させたことのメリットが少ない。

そのため、阿佐海岸鉄道は日本でもっとも営業成績の悪い鉄道といわれており、一〇〇円稼ぐのに九〇〇円以上の経費がかかっている（二〇一一年）。これは日本の鉄道では断トツに悪い数字である。ちなみに一〇〇円稼ぐのに五〇〇円以上の経費が必要な鉄道会社は存続できないというのが一般的である。国鉄から第三セクターとなった鉄道会社のうち、北海道ちほく高原鉄道、神岡鉄道、三木鉄道、高千穂鉄道などでさえ姿を消した。このなかには貨物営業がなくなったため、あるいは自然災害によって廃止を余儀なくされた鉄道会社もあるが、第三セクターに引き継がれたからといって安泰ではなく、そういう意味では阿佐海岸鉄道も廃線を危ぶむ声がある。

しかし、「旅」という観点からは、存続されるかどうかは別として、四国の東海岸沿いに南下し、甲浦まで訪れてみたいものだ。鉄道が通っている地域としてはかなりの過疎地で、南国のローカル線風情が漂っている。

終点甲浦が近づくとトンネルに入り、そのトンネルを出ると高知県で、間もなく甲浦駅に到着する。全線乗って八・五キロメートル、保有する車両は二両あるが、一両は廃止となった宮崎県の高千穂鉄道から無償で譲り受けたもので、車両にも経営の厳しさを感じる。私も三度ほど乗車しているが、うち一回は私の他に高校生が一人、一回は乗客が私一人だったのを記憶している。

多くの地方鉄道の主たる乗客は通学する高校生だが、阿佐海岸鉄道は徳島・高知の県境部分を走っていることから通学生も少ないようだ。

56 伊予鉄道 路面を走る蒸気機関車でめぐる城下町・松山

愛媛県の松山市は、路面電車の街である。小高い丘の上に松山城があり、そのお城を一周するように路面電車が走り、お堀沿いを行く電車は観光にも最適である。松山は、ＪＲ

の松山駅と市内中心にある伊予鉄道の松山市駅が少し離れた場所にあり、その間の移動にも路面電車がいい。路面電車の終点が道後温泉というのも好ましく、道後温泉駅はレトロな駅舎があり、そこから道後温泉本館へとアーケードが続いている。この界隈は松山を訪れた観光客の多くが足を運ぶ場所である。

松山で鉄道ファンに人気があるのは、ＪＲ松山駅から徒歩五分ほどの伊予鉄道の大手町駅だ。伊予鉄道には、郊外線と呼ばれる電車路線と路面電車の二種があり、その両線が交差する場所で、複線の線路同士が直角に平面交差している。それぞれの電車は、「ガタガタガタガタ」と音を立てて交差する。郊外線も路面電車も軌間は同じ一〇六七ミリなのだが、線路は交わっておらず、交差するだけである。ヨーロッパなどではこのような光景を目にするが、日本では珍しい電車同士の交差点である。

鉄道ファンにとっては郊外線も興味深く、おもに使われている車両が京王電鉄車両で、京王線を走っていた車両と井の頭線を走っていた車両が再利用されている。京王線と井の頭線では軌間が異なるので、現役時代は並んで走ることはなかったが、ここでは京王線車両の台車は東武鉄道や小田急電鉄車両のものに交換し運行されている。

伊予鉄道は、郊外線、路面電車のほかに、松山地域の路線バス、松山発着の高速バス、夜行バスを運行していて、松山地域の交通網を一手に担っている。路面電車の旅には、乗

路面電車と比べても一回り小さい伊予鉄道の「坊っちゃん列車」

り降り自由の一日券五〇〇円か二日券八〇〇円が手間いらずである。

伊予鉄道には、路面電車の線路に観光列車が走っている。全国各地で観光列車が花盛りであるが、路面を走る観光列車も珍しい。夏目漱石の小説「坊っちゃん」は、ここ松山が舞台なので、それにちなんで「坊っちゃん列車」を運行している。伊予鉄道が運行をはじめた当時、ドイツから輸入した蒸気機関車が小さなマッチ箱のような客車を引いていたが、それを復元したレプリカを走らせていて、蒸気機関車のスタイルをしているもののディーゼルエンジンが動力だ。

「エンジン駆動の蒸気機関車」というと、子供だましにも聞こえるが、とても精巧にできていて、現在ではすっかり松山名物の人気者となった。当初、一編成だったが二編成に増備されている。ちょっと「遊園地の乗り物」っぽく聞こえるかもしれないが、営業している路面電車の線路を走っており、れっきとした交通機関としての鉄道である。

愉快なのは終点駅での方向転換である。ディーゼルエンジン駆動といっても蒸気機関車スタイルなので、前と後ろがはっきりしている。通常はターンテーブルに載せて方向転換するが、「坊っちゃん列車」は車両にジャッキを搭載していて、その場で自らが少し宙に浮き、乗務員がくるりと回して一八〇度向きが変わる。客車も反対側に連結するが、客車を推すのも人力である。終点駅では、この光景は必見の作業である。鉄道ファンには街歩きが楽しい松山市内観光である。

57 JR四国「予讃線」途中下車してみたい瀬戸内の無人駅

JR四国の予讃線は、伊予(愛媛県)と讃岐(香川県)を結ぶという意味である。高松から宇和島までの長い路線で、松山を境に列車や乗客は入れ替わり、松山〜宇和島間はローカル線然とした雰囲気が濃くなるが、途中線路が二手に分かれていて、それぞれに特徴

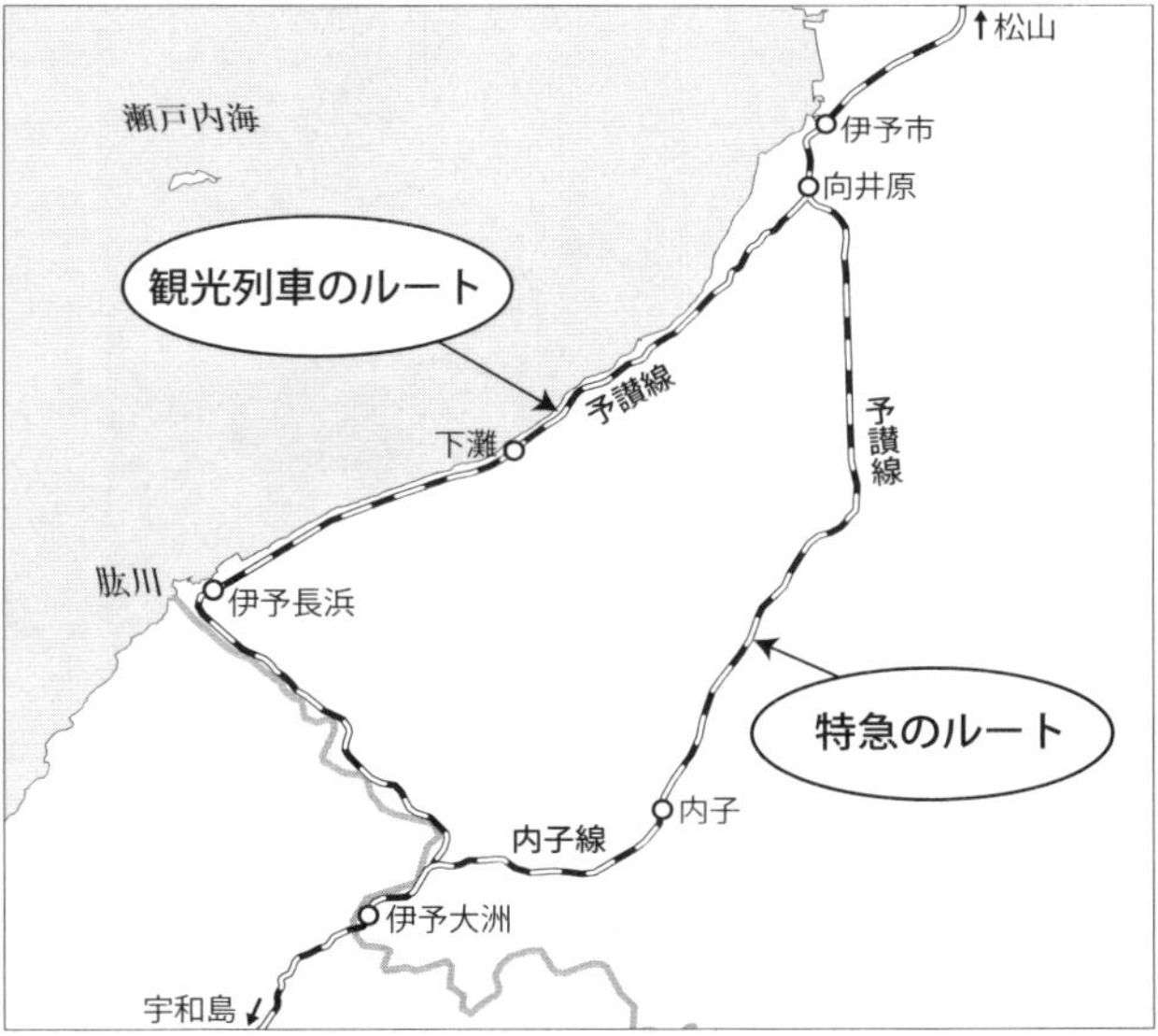

があって興味深い線路配置になっている。

予讃線は、海に沿った路線であった。そして途中の伊予大洲から内子線という短いローカル線が出ていた。その路線を延長して、予讃線の伊予市の次の向井原という駅で合流させたのが、予讃線のバイパス路線で、いわば予讃線の短絡線として建設された。こちらは長いトンネルが続く区間となっている。

路線は少し複雑で、予讃線のバイパス部分が内子線と思ってしまう。しかし、内子線はあくまで伊予大洲〜内子間のみで、内子〜向井原間だけが予讃線の一部なのである。その

予讃線下灘駅（無人）はホームのすぐ先が瀬戸内海

ため内子線は地方交通線に数えられるが、内子〜向井原間は幹線の扱いになっている。

この結果、先を急ぐ特急列車はすべて内子経由のバイパス路線を通り、海沿いを走る本来の予讃線にはローカル列車だけが行き交う路線となった。内子経由のバイパス路線はトンネルが多く、これといった景色を楽しめないのに対し、本来の予讃線は瀬戸内海に沿い、伊予長浜では向きを直角に変えて肱川《ひじかわ》に沿って伊予大洲に至る車窓の美しい路線で、対照的な結果となった。

瀬戸内海に沿う車窓は、長らく「知る人ぞ知る」ローカルな路線であったが、現在は観光列車「伊予灘ものがたり」が運行されるようになり、知名度が高くなりつつある。そんな「伊予灘ものがたり」が唯一停車する駅が、下灘という無人駅である。列車はここで小休止し、乗客は眼前の瀬戸内海と一緒に記念撮影に講じる。この下灘駅は、「青春18きっぷ」のポスターに三回も起用された駅である。

そこで私は観光列車で慌ただしく休憩するより、ローカル列車に乗って瀬戸内海に沿う無人駅で暇をつぶすのも悪くないと思い、「伊予灘ものがたり」が発着する時間帯を狙って下車した。

「伊予灘ものがたり」が到着すると、それまで静寂に包まれた駅が、その時間だけ華やいだ空気になる。駅の近くで、「伊予灘ものがたり」の様子をみに来たという地元の人と話す機会があった。瀬戸内海に浮かぶあの島が「猫がいっぱいいる島」などと教えてくれたが、そんななかで興味を引く話があった。

地元の人は、「この下灘駅は、「青春18きっぷ」の一回目のポスターになったところだ」と。さらに「そのポスターを撮った人が、「青春18きっぷ」の名づけ親で、撮影したのが一九八一年、その81年を逆にして18となった」というのである。それを聞いたときは内心「本当ですか?」と思っただけで、聞き流してしまった。私は帰郷後、インターネットで「青春18きっぷ」の初回（一九八二年）のチラシを検索したが（当時は「青春18のびのびきっぷ」）、風景ではなく、旅する若者であって場所の分かる風景ではなかった。チラシとポスターは別の写真なのか、旅する若者の写真が愛媛で撮られたものだったのか、謎は残るが、

81年を逆にして18というのは、真実味を感じてしまう。というか、それまでの謎が解決するのである。

「青春18きっぷ」の「18」は18歳をイメージしてしまうことから、若者限定で、利用するには年齢制限があると思われていた時期があり、JRは「利用者の年齢制限はございません」と、18歳のイメージ払拭を行った。しかし、JR（発売当初は国鉄）が、後にイメージを払拭しなければならないようなネーミングをするとも思えない。

この話が本当だという証明はできないが、ヒット商品のはじまりとはこんなものではないかと思うのである。

58 JR四国「予土線」四万十川沿いの素朴な景色に出会えるローカル線

四国南西部に「これぞローカル線」といった風情の路線がある。それが予土線、つまり伊予（愛媛）と土佐（高知）を結ぶという意味の路線である。たった一両の単行ワンマン運転のディーゼルカーが走るだけで、車内はロングシート、トイレもない簡素な車両だ。

土讃線の窪川と予讃線の宇和島を結ぶ。この路線の沿線には大きな街はなく、通学の高校

清流四万十川に沿って走る予土線

生がおもな乗客という典型的なローカル線で、観光客の姿も少なく、たまにお遍路さんが乗ってくる程度である。

しかし、四国南西部の自然のなかを走り、沿線風景が美しいことで人気上昇中の路線である。清流四万十川に沿い、意外にも海とは関わりがなく山のなかを行く。四万十川は沈下橋が有名で、手つかずの自然のままの風景が楽しめる。沈下橋とは、橋に欄干などを設けず、洪水の際には橋が沈むことによって、流されることを避ける意味がある。

現在、JR路線でも多くのトロッコ列車を運転しているが、JR路線ではじめてトロッコ列車を走らせたのは、この予土線である。

日本各地のトロッコ列車の多くは、不要になったディーゼルカーなどの壁をくり抜いたような構造になっているが、予土線のトロッコ列車は二軸貨車改造のもので、JRのトロッコ列車ではもっとも素朴なスタイルというのも人気の理由である。貨物を載せるための車両を改造しているので、乗り心地がきわめて悪く、線路と線路のつなぎ目を通ると、その振動が直接身体に伝わってくる。「これぞトロッコ」という乗心地を体感させてくれ、この乗心地の悪さが逆に人気となっているようだ。

近年のJR四国は、観光列車に力を入れるようになり、ユニークな車両が誕生している。なかでも必見なのが、やはり予土線を走る「鉄道ホビートレイン」である。「日本一遅い新幹線」を自負していて、既存のディーゼルカー改造ながら、初代東海道新幹線0系を模したスタイルをしている。といっても最高時速は八五キロメートルで、おもちゃの新幹線のような列車が、素朴な田舎風景のなかをトコトコ走る姿はユーモラスとしかいいようがない。「日本一遅い」は、ちょっと自虐ネタっぽくもあるが、思わずカメラを向けたくなる車両である。車内には四人分ではあるが、元新幹線の座席が配置されており、「特急券不要の新幹線」ともいえるだろう。

二〇一六年三月、部分的ではあるが北海道新幹線が開業したことによって、JR旅客六社中、新幹線を持たないJRはとうとうJR四国だけになってしまった。JR四国には新幹線計画もない。予土線の「鉄道ホビートレイン」は、新幹線建設の計画のないJR四国だからこそできた観光列車なのかもしれない。

ＪＲ四国では、とくに予土線の観光路線化に力を入れていて、トロッコ列車の「しまんトロッコ」、日本一遅い新幹線の「鉄道ホビートレイン」、そしてもうひとつ「海洋堂ホビートレイン」（フィギアや模型の海洋堂とのタイアップ列車）の三列車を「予土線３兄弟」と名づけて観光客を呼び込んでいる。

予土線は車窓の美しさやユニークな観光列車にも出会えるので、乗って損のない路線といえる。一日かけて高知から松山へ、あるいは松山から高知へと「青春18きっぷ」などでたどると、コストパフォーマンスも高くなるであろう。じっくり体験するなら高知から宇和島へ、あるいは宇和島から高知くらいを一日の移動にするのがベストであろう。

59 ＪＲ九州 「旅名人の九州満喫きっぷ」で普通列車乗り放題の旅へ

ＪＲ四国には、通年で利用できる乗り放題切符があり、特急グリーン車も利用できるので「乗り鉄」に便利と前に述べたが、九州にも別の意味で「乗り鉄」に便利な切符がある。「別の意味」と記したのは、九州では特急列車は利用できないものの、ＪＲ以外の鉄道会

「旅名人の九州満喫きっぷ」で小倉モノレールにも乗れる

社も利用できるオールマイティな乗り放題切符がある。それが、JR九州の「旅名人の九州満喫きっぷ」である。JR九州の九州内ならJR九州の普通列車をはじめ、第三セクター鉄道、大手私鉄、中小私鉄、そして福岡市営地下鉄や熊本市電といった公営交通も利用できる。変わった存在としては、小倉モノレールこと北九州高速鉄道も利用できる。発売時期も限定されていないので、通年で鉄道乗り放題の旅行が楽しめる。

有効期間は三ヵ月間、三回分が一万八〇〇〇円である。利用方法は、「青春18きっぷ」とほぼ同じで、一人で三日利用しても三人で一日利用もできる。一日分が三六〇〇円相当となり、「青春18きっぷ」

の一日分が二三七〇円相当であることを考えると高額ではある。そこで、この切符の特徴でもある、ＪＲ以外の鉄道も利用できるというメリットを最大限に生かすプランを立てることをおすすめする。

九州には福岡、佐賀、長崎、大分、熊本、宮崎、鹿児島と七つの県があるが、大分と宮崎にはＪＲ以外の鉄道が通っていない。つまり、九州の東海岸沿いを旅するなら、「青春18きっぷ」を利用したほうがコストパフォーマンスは高い。それ以外の地域では、ＪＲ以外の路線もくまなく乗車できるので、ＪＲ、私鉄を問わず、鉄道に乗車できる。それを軸にプランを立てると、お得度が増しそうだ。

こういった、ＪＲ、第三セクター、大手・中小私鉄などを問わず乗車できる割引切符は、鉄道探訪には有意義でもある。どうしてもその沿線に目的がないと、わざわざ切符を買ってまでは中小私鉄などは利用する機会が少なくなってしまう。そこで、「旅名人の九州満喫きっぷ」の利用を機会に、かつての国鉄路線だった第三セクター鉄道や、新幹線の開業で第三セクター化された鹿児島本線南部の現状も観察できる。

九州唯一の大手私鉄である西日本鉄道も、ＪＲ鹿児島本線のライバルであり、ＪＲだけでなく私鉄に乗車するのも興味深いはずだ。また、熊本電気鉄道、島原鉄道はかつてより路線が縮小されている。不採算区間がカットされたのだが、こういったローカル私鉄の素顔に触れてみることも有意義なことである。

鉄道会社の違いを越えて利用できるパスは少ないのが現状だが、こういった地域の鉄道すべてが利用できるパスが他の地域にも広がっていくことを期待したいものである。

60 JR九州「鹿児島本線」競合相手がある場合だけ……

新幹線が北へ西へと延伸され、主要都市間の移動は便利になったが、「地域の交通網」という観点から考えると、いいことばかりではない。新幹線と並行する在来線、通称「並行在来線」は、現在では機械的にJRから切り離されて地域が運営する第三セクター鉄道となり、新幹線ができた区間のみ在来線は分断される。

たとえば、二〇一五年に北陸新幹線が開業し、並行する信越本線や北陸本線は新幹線が並行する部分のみ第三セクターとなり、信越本線はすでに群馬県の横川から新潟県の直江津までの長い区間が空白区間になった。北陸本線も直江津から金沢までがJR路線ではなく、しかもこの間は県ごとに三社が運行することになった。もはや「本線」の面影はなく、継ぎ接ぎだらけのローカル線となった。

北海道新幹線の開業時には、ＪＲ北海道だった江差線が第三セクター化されたが、新幹線が並行するＪＲ東日本津軽線はＪＲのまま残されている。一般人にはなかなか理解できないというか、どういう意味があるのか定かではないが、新幹線がＪＲ北海道の運行で、在来線がＪＲ東日本というふうに、新幹線を運行する会社と在来線を運行する会社が異なる場合は、「並行在来線」とみなされないそうだ。

こういった話を聞くと、どうも日本の鉄道は、需要や利用者の利便性があって、それに合わせて運行するというより、運行する事業者の都合で左右されるということがみえてくる。江差線が第三セクターで、津軽線はＪＲのままということがそのことを如実に物語っている。

そんな鉄道会社側の事情で、鉄道会社や運行する列車の質が目まぐるしく変わるのが、ＪＲ九州鹿児島本線だ。鹿児島本線は北九州の門司港～鹿児島間の九州を縦断する基幹路線だった。現在は、八代～川内間が第三セクター化されているので、この間を挟んで分断されている。この路線を門司港から鹿児島までたどると、およそ博多、大牟田、八代、川内で路線の性格が大きく変化する。まずは門司港～博多間はもっとも充実している区間で、在来線の快速もあれば特急もある。では、なぜ新幹線が小倉～博多間に並行しているのに特急列車まであるのか。それは、在来線がＪＲ九州、新幹線がＪＲ西日本山陽新幹線と異

新幹線開業後、鹿児島本線は肥薩おれんじ鉄道（1両のワンマンカー）となった

なる会社だからだそうだ。次に博多～大牟田間は、快速は充実しているが特急列車は基本的にない。特急列車がなくなるのは同じJR九州の九州新幹線があるからで、快速があるのは大手私鉄の西日本鉄道と競合している区間になるからだ。

JR路線として、もっともサービスレベルが落ちるのは大牟田～八代間で、特急列車もなければ快速もほとんどなく、普通列車も簡素なロングシート車両が大半となる。競合相手がなくなると途端にサービスが悪くなるのが、JR路線の特徴である。さらに、サービス云々ではなく、地方の交通体系として取り残されてしまったのが八代～川内間で、この間はJRから切り離され第三セクター肥薩おれんじ鉄道となった。新幹線の駅ができた町はいいが、新幹線が停まらなかった町は、博多へ出るにも乗り換えを強いられ、不便になった上に運賃は高くなり、さらには第三セクター鉄道の運営まで押しつけられた格好だ。

最後の区間となる川内～鹿児島間は新幹線が並行するものの、鹿児島への通勤圏であることから、JRが在来線として採算が取れると判断した区間である。逆にいえば、八代～川内間はまともに運行しても採算は取れない区間ということになり、沿線自治体は鉄道の維持という経済的負担が重くのしかかっている。

もともと一本だった鹿児島本線を門司港から鹿児島へ向かうと、その区間ごとに鉄道を取り巻くさまざまな事情がみえてくる。それと同時に、需要や利用者があって運転体系が決まるのではなく、鉄道会社の思惑で決まってしまっているということを強く感じる。

61 JR九州「筑肥線」めまぐるしく変わる車窓の景色が楽しめる

「日本でもっとも車窓の美しい地下鉄」というと語弊があるかもしれないが、もしそういういい方があるとするなら、福岡市営地下鉄をおいてほかにはない。福岡市営地下鉄空港線は福岡空港を起点にして、博多駅や福岡随一の繁華街天神を経由し、姪浜《めいのはま》で地上に出る。

地下鉄としての路線はここで終わりだが、多くの列車はそのままJR九州筑肥《ちくひ》線に乗り入れる。福岡市のベッドタウンを通り抜け、やがて列車は博多湾沿いに走り、玄界灘を望みながら西へ向かう。都会の喧騒からそのまま海沿いを走るので、車内は急にローカル線風情となり、けっこう目まぐるしい展開に感じる。それまでスマホなどに夢中だった乗客も思わず車窓を流れる景色に目をやるのである。

夏は穏やかな玄界灘をみながらの車窓となり、冬は季節風が強く、九州といえども紛れもない日本海側で、荒々しい玄海灘となり、ときに吹雪のなかを行く地下鉄車両となる。

この筑肥線は変わった経歴の路線である。もともと博多を起点にして焼物で有名な伊万里に達していた。「筑肥」とは筑前と肥前を結ぶという意味である。その頃は現在の第三セクター松浦鉄道も国鉄路線の松浦線で、博多発伊万里、平戸口、佐世保経由の長崎行き急行「平戸」などという列車もあった。しかし、筑肥線は博多からずっと単線非電化のローカル線であり、いっぽうで福岡市は大都市へと成長していった。そこで、筑肥線の博多〜姪浜間は地下鉄、姪浜からを国鉄線とし、唐津（西唐津）まで電化して、電車が走る近代的な路線に生まれ変わったのである。そのため筑肥線は、地図でみるとJRとしての線路が大都市側で盲腸線のような特異な形態となった。こうしてディーゼルカーでたどるローカル線だった区間が、通勤電車の行き交う地下鉄乗り入れ線区へと変身したのである。

筑肥線を行く福岡市営地下鉄乗り入れ用のJR車両

このような経緯の筑肥線は、ＪＲ九州では唯一の直流電化区間で（ＪＲ九州の電化区間は筑肥線以外は交流電化）、起点は地下鉄なので、いわば東京や大阪と同じような通勤電車が走っている。そのため残念ながら全車両がロングシートの通勤然とした車両だ。しかし、もっとも長い区間では福岡空港から西唐津まで約一時間四〇分の距離を直通運転するので、ＪＲ側の車両にはトイレが付いており、これまた全国でも珍しい「トイレ付きの地下鉄」ともなっている。

ＪＲの車両と福岡市営地下鉄の車両双方で運転され、福岡市営地下鉄の車両はステンレスの車体にブルーの帯と地下鉄然としたスタイルをしているが、ＪＲの車両はステンレスの四角い箱といった車体に赤い前面、または白い車体に黒い前面と、個性的な、どこか鉄仮面のような電車である。地下鉄車両は筑前前原《まえばる》までの運転で、唐津まではを延ばさない。唐津が近づくと、やがて虹ノ松原を車窓に唐津城も眺められる。九州で異色の地下鉄体験はいかがであろうか。

62 長崎電気軌道 出島、大浦天主堂……。路面電車でたどる観光都市長崎

日本でもっとも路面電車が旅情に満ちているのは、長崎だと思う。

長崎も広島と同様に「市電」ではなく長崎電気軌道という私鉄が運行している。一号系統から五号系統まであるが、二号系統は現在はなく、実質的には四つの系統が運行されている。たった四系統ではあるが、長崎の主要エリアをうまく結んでいて、逆にいえば、長崎の市街地は四つの系統でおもだったエリアがカバーできるくらいのコンパクトな街というこどもできる。

どの路線を利用しても終点の停留所には共通した特徴があり、少し坂を登ったところか、坂に突き当たったような場所で電車が終点になっている。長崎の街は四方を山と海に囲ま

長崎の路面電車は坂道の途中で終点。背後には斜面が迫る

れているというのがよくわかる。長崎で路面電車の旅をするなら、中心街だけで終わらせず、ぜひ終点まで足を延ばして長崎らしさを味わってほしい。

長崎電気軌道の人気の理由に、観光都市長崎を走り、観光スポットの多くもこの路面電車でアクセスできるという点がある。というか、長崎観光にもっとも気軽で便利な乗り物が路面電車なのだ。大浦天主堂、グラバー園、オランダ坂、出島跡、眼鏡橋、平和記念公園と、これらすべてが路面電車の停留所から徒歩圏である。もちろん長崎駅、五島列島や軍艦島への船が出る港、繁華街の西浜町《にしはまのまち》、築町、思案橋といった地も路面電車が走っている。

運賃が安いのも魅力で、全線一二〇円均一の運賃、主要乗り換え駅ではのりつぎ券も発行されるので、路面電車の停留所同士ならどこからどこへ乗っても一二〇円で足りる。全線が山手線などの初乗りより安いというのは魅力である。さらに、長崎観光に路面電車を利用するなら一日乗車券五〇〇円が手間いらずである。

しかし、人気の路面電車であればゆえの混雑も気になる。とくに石橋〜蛍茶屋間を運行する五号系統が、いつも混雑しているというのを感じる。この五号系統は大浦天主堂下や築町、西浜町、賑橋（眼鏡橋最寄りの停留所）などを通るため観光客がもっとも利用する路線であるが、大浦海岸通〜石橋間が単線というのがネックになっているのか、電車の本数が少なく感じる。近年は外国人観光客も加わって、終日混雑している。

日本の路面電車は一時期、自動車交通の妨げになるとして各地で廃止が相次いだ時期を経ていて、そのなかには、東京都電のように「専用軌道部分が多い」という理由で残された路線もある。長崎でも赤迫《あかさこ》へ通じる区間では、専用軌道がある。しかし、長崎駅前はじめ、メインストリートを路面電車が走っていることに変わりはなく、長崎では東京のような「残っている」という雰囲気は微塵もない。現在では、長崎の路面電車は観光の名物的存在でもあり、路面電車を残しておいて本当に良かったと感じる都市である。

63 松浦鉄道 日本でもっとも西を進む鉄道

九州最西端を走るのは松浦鉄道である。松浦鉄道は、旧国鉄松浦線を引き継いだ第三セクターで、焼物で知られるＪＲ佐世保線の有田を起点に、佐賀県から長崎県北部を海沿いにぐるりと回って佐世保に至る路線である。途中、たびら平戸口という駅が最西端の駅で、ここからは平戸大橋を介して平戸にわたることができる。まさに日本の西の果ての旅情に満ちた地域で、夏季に旅すると、夜七時半頃まで明るく、東京よりかなり西であることを実感できる。

松浦鉄道で行く日本最西端の駅

松浦鉄道は、第三セクターとしては距離が長く、全線で九三・八キロメートルもあり、全線乗り通すと運賃は二六〇〇円となってしまう。そこでおすすめなのが二一三頁で紹介した「旅名人の九州満喫きっぷ」の利用である。

前夜、福岡の博多駅近くに宿泊すれば、一

日で松浦鉄道経由長崎までの旅を楽しめる。博多を早朝に出発し、鳥栖から長崎本線、肥前山口から佐世保線をたどれば、朝のうちに有田に到着できる。有田から松浦鉄道に乗車し、たびら平戸口に途中下車、路線バスに乗って平戸大橋をわたり、平戸を訪ねてみたい。

平戸は九州本島と橋でつながっているものの、西の果ての島の風情に溢れ、江戸時代、鎖国していた頃にもオランダやポルトガルと交易があった地で、教会もあり、隠れキリシタンにまつわる歴史もある。

松浦鉄道の話に戻るが、ここもJRとして残れなかった路線ということで、ご多分に漏れず、利用者が少なく黒字経営が難しい路線であった。しかし、鉄道沿線に平地が少なく、比較的集落が鉄道沿線に近かったため、駅を多くして利用しやすいようにし、佐世保近辺では単線非電化路線としてはかなり多い一五分間隔での運行を実施した。こうした地道な努力を重ねた結果、観光列車などを運行せず、地元需要だけで黒字を計上したこともある。現在でも、利用者の多い佐世保と佐々の間は、昼間でも三〇分に一本は列車がある。松浦鉄道は第三セクター鉄道の優等生でもあったのだ。

駅数を多くした結果、佐世保中央駅と中佐世保駅の間はたった二〇〇メートルしかなく、日本でもっとも駅と駅の間隔が短い区間となっている。山手線が二〇メートル車両一一両編成なので、山手線の前から後までより短い距離になる。

駅間距離が長い路線は上位を北海道で占めているので、逆に駅間距離が短い区間は東京か大阪あたりだと思われるが、九州の第三セクター鉄道にあるというのは意外な事実であろう。

松浦鉄道で佐世保に到着したら、そこからハウステンボス、諫早と経由して大村線を長崎まで「シーサイドライナー」でたどるのがいいだろう。大村線は松浦鉄道と同様に長崎県の西の果てをたどり、西海の海が車窓に広がる景勝路線である。

博多から長崎まで、長崎本線の特急「かもめ」に乗れば二時間の距離である。しかし、その二時間の区間を遠回りして一日かけ、途中、平戸観光を楽しむといったことができるのがローカル線の旅の醍醐味である。

それに、松浦鉄道が国鉄だった時代は、同じような路線を一本の急行で乗り通すことができた。まだ福岡市営地下鉄ができる以前、筑肥線の起点は現在の姪浜ではなく、博多であった。そのため博多発、筑肥線、当時の松浦線、大村線、長崎本線とたどって長崎まで運行する急行「平戸」があり、この間を五時間半かけてたどる急行列車があったのである。

64 JR九州「久大本線」観光特急街道だがローカル列車でめぐりたい

JR九州に久大《きゅうだい》本線という路線がある。「久大」は福岡県の久留米と大分を結ぶという意味で、その名の通り鹿児島本線久留米と日豊本線大分をつないでいて、九州を横断している。しかし「本線」と名がつくものの、全線が単線非電化のいわばローカル線である。多くの普通列車は一両のワンマン運転で、久留米と大分を結ぶものの、この間を直通する普通列車はない。

博多と大分や別府を結ぶ特急「ゆふ」も走っているが、博多と大分を結ぶメインルートは小倉経由の日豊本線である。博多と大分を結ぶ最短距離は久大本線経由になるものの、久大本線が単線非電化なのに対して、小倉経由は電化しており、大部分が複線なのである。振子式特急電車「ソニック」が二時間半で走破するが、久大本線経由のディーゼル特急は三時間以上を要し、博多〜大分間の移動手段としてはポピュラーではない。福岡〜大分間は高速バスが発達しているが、高速バスのルートは久大本線のルートに近く、この間を鉄道とバスを乗り比べるのも興味深い地域である。

しかし、都市間移動の利便性は別として、「観光路線」という意味では、久大本線の人

久大本線には観光特急も多く走るが、
ローカル列車でたどると味わい深い

気は高い。由布岳を望みながらの高原列車の趣があり、人気列車「ゆふいんの森」が走ることでも知られている。「ゆふいんの森」は、全車両の床が高い位置にあるハイデッカー車両で、運転当初から数少ない全席指定席制の特急であった。JRのローカル特急で自由席のない列車は珍しい存在である。現在は、由布院温泉が外国人観光客などにも人気なため、観光特急としての意味合いが増していて、増車も行われている。

さらにJRきっての豪華列車である「ななつ星in九州」も、この久大本線を通っている。通っているというより、「ななつ星in九州」がもっとも多く運行されているのは鹿児島本線でも日豊本線でもなくこの久大本線である。「ななつ星in九州」は一週間に二回、三泊四日コースと一泊二日コースで運行し、三泊四日コースと一泊二日コースともに、この久大本線を全線通るルートになっている。日本一の豪華列車はこの久大本線を最大のみせ場に走っているといってもよく、日本一の観光路線となった感がある。

ただ、「ゆふいんの森」にしても、「ななつ星in九州」にしても、豪華列車であるものの、「高みの見物」であることには変わりないので、私はむしろローカル列車で久大本線をたどるほうをおすすめしたい。

久留米を出ると、西半分の福岡県部分は単調な田園風景を走り、大分県側に入ると山間や渓谷、高原の車窓へと変わる。久大本線には「ゆふ高原線」の愛称があり、高原らしい風景を行く。沿線は小京都といわれる日田や天ヶ瀬、由布院、湯平など温泉地の多い区間でもあり、途中下車をしながら乗り通してみるのもいいだろう。

久大本線は、観光開発に努力した路線と感じることもできて、いままでに何度か工夫を凝らした列車も運転されている。ビジネスライクな特急「ゆふ」に対して、前面展望室のある「ゆふDX」(Deluxe)を走らせたり(現在、この車両は豊肥本線の「あそぼーい!」に転用)、由布院地区にトロッコ列車「TORO-Q」を走らせたりと、試行錯誤を重ね、「ななつ星in九州」の運転につながったのだと思う。

65 第三セクター「南阿蘇鉄道」阿蘇外輪山の内側を行くトロッコ列車

九州を横断する鉄道は、久大本線と豊後(大分県)と肥後(熊本県)を結ぶ豊肥本線があり、熊本から東へ向かうと徐々に車窓は牧歌的な高原風景へと変わり、やがて世界でも有数のカルデラ火山である阿蘇山の外輪山にぶつかる。その外輪山のわずかな隙間の部分にあるのが立野駅である。豊肥本線はここからスイッチバックで外輪山の内側へと路線を進めていく。

南阿蘇鉄道は始発の立野を出ると間もなく白川橋梁を通過する

いっぽう、立野駅から真っ直ぐ外輪山のなかを進むのが南阿蘇鉄道である。南阿蘇鉄道は旧国鉄高森線を引き継いだ第三セクターで、高森線の沿線自治体が共同出資し、その内容は公営鉄道に限りなく近い。国鉄やJRに引き継がれなかった鉄道経営の難しさも感じる。

南阿蘇鉄道は、一両のワンマンディーゼルカーが阿蘇の外輪山の内側をトコトコ走る。立野を出ると間もなくこの路線の最初の車窓ハイライトとなり、白川渓谷を水面から六四・五メートルの高さでわたる。観光客が多ければ、車窓を楽しませるために徐行してくれるが、あまりに谷底が深いので、凝視していないと白川の流れがきちんと確認できないほどである。この鉄橋を過ぎてトンネルを抜けると、天気が良ければ阿蘇五岳を車窓に眺めながら、高原ムードのなかを行く。

南阿蘇鉄道の景色を堪能できる列車もある。週末や旅行シーズンに運行されるトロッコ列車「トロッコゆうすげ」である。この列車は、日本全国のトロッコ列車のなかでももっとも「トロッコらしい」と評価が高い。

南阿蘇鉄道は全線で一七・七キロメートルあり、通常の列車なら三五分で走破するが、トロッコ列車はこの間を一時間弱かけてのんびり走る。表定速度は時速二〇キロメートルにも満たず、自転車で巡っているような感覚となる。これなら沿線風景をじっくり堪能できるというものだ。私が乗車したときは、地域のボランティアのおじさんが案内として乗車、車窓の説明にあたっていた。どこか手づくり感のある列車で印象に残っている。

南阿蘇鉄道の前身である国鉄高森線の時代の経緯をひも解いてみると、高森線は阿蘇の外輪山の内側で終点となっていたが、宮崎県側に延伸工事が進められていて、当時の高千穂線（後の高千穂鉄道）につながる予定であった。完成すれば熊本から豊肥本線、高森線、高千穂線とたどって宮崎県延岡までを一本の線路でつなげようとしていたのである。しかし、高森線の終点高森駅から東は阿蘇の外輪山を越えねばならず、長大トンネルで越えるはずだったが、トンネル掘削中に地下水の水脈を切断してしまい、トンネルは水没、結局、この事故をきっかけに工事は中断した。その後、国鉄民営化などで工事が再開されることはなかった。高森〜高千穂間の工事は七〇パーセントの進捗率だったが、そこを鉄道が通ることはなかったのである。後にほかのトンネルでは、トンネルをワインの貯蔵庫にするなどの有効利用もはかられている。

南阿蘇鉄道を訪れたなら、熊本から日帰りで高森を往復するのもいいが、熊本〜立野〜高森とたどり、立野に戻って再び豊肥本線で大分に抜けるのもいい。豊肥本線は阿蘇の外輪山を東西で越えており、ダイナミックな車窓が楽しめる。それと同時に、この南阿蘇鉄道の旅を体験し、宮崎県側につながらなかった過去を思うと、高森線と高千穂線はつながらず、いわば阿蘇を征服することができなかったともいえ、阿蘇山の偉大さも感じる。鉄道でつながらなかった高森〜高千穂間には、かつて宮崎交通の路線バスが運行していた時期もあったが、現在はなく、さらに旧国鉄高千穂線を引き継いだ第三セクター高千穂鉄道は、五ヶ瀬川の氾濫による被害から復旧できずに廃線となってしまった（南阿蘇鉄道は、二〇一六年四月に発生した熊本地震の影響で二〇一六年五月時点で運休しており、「復旧には、多額の費用と少なくとも一年の期間が必要」と報道されている。早期の復旧を願いたい）。

66 JR九州「日南線」廃止になった高千穂鉄道の車両を再利用する

宮崎県南部の日南海岸に沿って走る日南線は、宮崎（正確には南宮崎）から志布志に向かい、日向灘の大海原が車窓に展開する南国の景勝路線である。以前は普通列車のみの運転だった日南線だが、近年は観光特急「海幸山幸」が運行されるなど、観光路線として売出し中といった路線である。

鉄道ファンとしては、観光特急「海幸山幸」の車両にも注目したい。この車両はキハ125系である。しかし、キハ125系といえば九州のローカル線の多くで運転されている普通列車用で、黄色くデザインされた一両ワンマンで運行されることが多い車両だ。「海幸山幸」用の車両とは用途も外観もかなり異なるのに、なぜ普通列車用キハ125系を名乗っているのだろうか。

実は「海幸山幸」に使われている車両は、JR九州が新調した車両ではなく、高千穂鉄道で使われていたトロッコ列車「トロッコ神楽号」を購入して、トロッコ車両から一般車両へと改造した経歴なのである。

高千穂鉄道は、かつて日豊本線延岡から五ヶ瀬川に沿って九州内陸へ向かい、高千穂ま

日南線の観光特急「海幸山幸」は元高千穂鉄道のトロッコ車両を改造

でを運行する第三セクターだった。国鉄高千穂線を引き継いだ鉄道で、利用者を増やすため、二〇〇三年からトロッコ列車「トロッコ神楽号」を走らせ、この観光列車は過疎に悩んでいた高千穂鉄道の稼ぎ頭となった。

ところが二〇〇五年、台風がこの地域に大雨をもたらし、五ヶ瀬川が氾濫、高千穂鉄道は橋梁流出などを含めて甚大な被害を受け、そのまま運行が再開されることなく廃止になってしまったのだ。

こうして、運行開始後わずか二年で使い道がなくなったトロッコ列車はJR九州が購入することになり、同じ宮崎県で観光列車として蘇ったという経緯がある。このような経緯があるため、JRではこの車両は新しい形式とせず、すでにあるキハ125系に編入した。

そのため、同じキハ125系でも普通列車の車両と「海幸山幸」車両には共通点がない。
しかし、こうしてみると、近年、自然災害によって鉄道が長期運休、廃止などになるケースが増えているのを感じる。JR東日本岩泉線も廃止になったほか、東日本大震災では太平洋側の鉄道に甚大な被害をもたらし、現在も復旧の目途が立っていない路線は多い。同じく二〇一一年以来、JR東日本只見線も一部区間が運休になったままである。景勝路線ほど、ひとたび大雨などが降ると再開が困難になるほどの被害を受けてしまう。鉄道にとって受難な気候になったと感じるのである。

また、「海幸山幸」は観光列車であり、特急ではあるが、急いで都市間を移動するための列車ではない。このほかJR九州では、多くの観光列車が特急扱いである。「海幸山幸」はじめ、同じ趣旨の列車は多く、豊肥本線の「あそぼーい!」、三角線の「A列車で行こう」、肥薩線の「はやとの風」、指宿枕崎線の「指宿のたまて箱」などで、これらはすべて特急列車であり、観光列車であるものの「青春18きっぷ」などでは乗車できない。

いっぽう、JR東日本では東北地方などを中心に多くの観光列車が走っているが、そのほとんどが快速列車扱いである。これらの列車は三四頁で紹介した通り、新幹線の利用者を増やそうという意図があるが、JR九州では観光列車自らが稼がねばならないというお家事情がありそうである。

67 JR九州「九州新幹線」ゆとりの自由席

新幹線は車体が大きいため、通路を挟んで三人掛けと二人掛けが並んでいる横五列の普通車を思い浮かべる人が多いだろう。また、指定席か自由席かによって異なるということもない。一部例外といえば、山形新幹線と秋田新幹線で、こちらはミニ新幹線といって車体の大きさが在来線同様なので、通路を挟んで二人掛けの座席が並ぶ横四列である。

しかし、この状況は西へ行くと変わってくる。新大阪～博多間をJR西日本が独自に運行する「ひかりレールスター」「こだま」、また、JR西日本とJR九州が運行する「みずほ」「さくら」は普通車自由席は五列座席ながら、普通車指定席は四列座席となる。

東京からだと、名古屋、京都、大阪、仙台、金沢など、どこへ行くにしても普通車の場合は五列の窮屈な座席で、四列座席は基本的にグリーン車だけで、西と東ではサービスに差が出てしまっている。そもそも、「ひかりレールスター」「こだま」にはグリーン車が連結されておらず、普通車指定席がグリーン車の代わりともいえる。確かに新幹線の広い車体に四列座席の普通車指定席があるのなら、グリーン車の必要性もないのだろう。サービスの差であるとともに、首都圏発着の列車は大量の乗客をさばかなければならない、とい

九州新幹線「つばめ」普通車自由席。充分にゆったりしている

う事情もありそうだ。

　ところが、九州に行くとさらに状況が変わる。九州新幹線内だけを運行する８００系「つばめ」に使われている車両は、全車普通車で座席は指定席・自由席含めて四列座席になる。九州新幹線は東海道新幹線などと同じ車体の大きい規格でつくられているので、その大きな車体に四列座席というのはかなりゆったりしている。東京発着の新幹線でいうグリーン車とほぼ同じともいえ、九州内の新幹線はかなり恵まれている。明らかに、「つばめ」は日本の新幹線のなかでももっとも居住性に優れた列車といっていいだろう。

　当然、座席定員が少なく、混雑時は心配になってしまうが、そもそも東京発着の新幹線のように乗車率一五〇パーセントなどという状況は起きないのであろう。

ちなみに、すでに引退が決まっているものの、上越新幹線に使われている二階建て車両「Max」の自由席は、新幹線通勤の需要などを考慮してつくられたため、二階の自由席は横六列であり、「Max」と「つばめ」を比べると雲泥の差となっている。同じ新幹線の自由席でも地域によってこれほどの差があるのだ。

いっぽう、新幹線のなかでもっとも窮屈ともいえそうなのが秋田新幹線「こまち」、山形新幹線「つばさ」のグリーン車である。ともにミニ新幹線なので、車体の大きさは在来線同様である。その狭い空間に、グリーン車であるにもかかわらず四列座席なので、明らかに九州新幹線「つばめ」普通車自由席よりも窮屈ということになる。

東北新幹線や北陸新幹線には、「グランクラス」というグリーン車よりも上のサービスがある。「グリーン車より上」というのは、所詮は同じ路線の車両と比べればの話と考えることもできるであろう。

68 第三セクター「沖縄都市モノレール」一日券は「二四時間」の利用が可能

沖縄都市モノレールは、沖縄県唯一の鉄道として、那覇市に馴染んできた感じもする。那覇空港〜首里間一二・九キロメートルにわたって高架を走るので、車窓から那覇市全体の感じを掴み取ることができ、とくに観光客には人気である。一見、切符は東京などの鉄道と同じ磁気式と思われるが、改札口でQRコードを読み取る最新式である。

また、近年の沖縄は外国人観光客が大変多くなった。もちろん東京、京都、大阪などへやってくる外国人観光客も数の上では多いだろう。しかし、東京、大阪に比べると那覇は人口がずっと少ないので、外国人観光客の占める割合からか、かなり多く感じるのである。そんな外国人観光客もモノレールを好んで利用している。たった二両編成なのに、必ずといっていいほど目にする。おそらく外国人観光客にとっては、路線バスの利用は言葉の問題などから難しく、するとモノレールは利用しやすいのではないかとも思える。

那覇空港を起点にし、沖縄に来た観光客が一度は訪れるであろう牧志（那覇市のメインストリートとなる国際大通り）を通り、首里城に近い首里を終着にするという路線構成も観光客向きだったのかもしれない。沖縄都市モノレールは、二〇一九年の開業を目指して延伸工事を行っており、完成すると現在の終点首里からさらに四・一キロメートル進んで、新たな駅も四駅新設されることになっている。

沖縄都市モノレールの初乗り運賃は、二三〇円とけっこう高い。隣の駅までの切符は一一〇円だが、現実的には隣の駅までなら歩いていけそうなので、実質的には観光客が利用する区間でいえば、やはり一回三〇〇円と思ったほうがいいだろう。都市交通としては割高といわざるを得ない。そこでおすすめなのが一日乗車券七〇〇円と二日乗車券一二〇〇円である。これらの割引切符には特徴があり、一日乗車券は正確には「一日」ではなく二四時間、二日乗車券は「二日」ではなく四八時間有効である。ともに券売機での購入となり、購入した時間からとなる。日本の鉄道の一日券では初めて二四時間制が導入された。

これなら、たとえば午後に那覇空港に到着しても、「いまから一日券じゃもったいないな」などと気にする必要がない。

多くの鉄道会社に自動改札機が普及した現在、一日乗車券の類《たぐい》も券売機で販売され、自動改札対応のものが多くなっている。ところが、日本全国にこの種の一日乗車券が多くあるものの、ほとんど「一日」単位であり、二四時間という区切りは長らく沖縄都市モノレール一社だけであった。

券売機と改札機、つまり機械で対応しているのだから、この二四時間方式はほかの鉄道

那覇市内を行く沖縄都市モノレール

会社にも普及していいはずで、このシステムが日本中に広がってほしいものである。そして、二〇一六年になってやっとこのシステムが東京でも導入され、東京メトロ一日乗車券が、日付単位ではなく使用開始から二四時間有効の、「東京メトロ24時間券」となったのだ。

海外では、一日乗車券が二四時間、二日乗車券が四八時間といったシステムは以前から当たり前のように行われており、何よりも平等感がある。前述のように「この時間から一日乗車券ではもったいないな」などと考えた人は結局、その日は最低限しかその交通機関を使わないわけで、一日乗車券の二四時間化は、利用の促進、果ては売り上げ増につながると思うのである。

あとがき

北海道から九州・沖縄まで、全国の鉄道の見どころ、特徴ある路線や車両を駆け足ではあるが巡ってみた。つくづく、日本にはさまざまな鉄道があると実感した。時代が進んでもまだまだ鉄道旅情に満ちた路線もあるが、着実にそういった地域や路線が減っていることも感じている。

二〇一六年三月、北海道から鹿児島まで新幹線で移動できるようになってしまった。「なってしまった」と書くと、筆者が新幹線の開通を喜んでいないと思われるかもしれないが、近年の新幹線に関しては、その思いは「当たらずも遠からず」かもしれない。

「鉄道」というのはネットワークが大切で、ネットワークなくして本領を発揮できないと思っている。そう考えると、近年の新幹線はネットワークより点と点の輸送に重きを置いていて、エリア全体の利便性がおろそかになっている気がするのである。点と点の輸送なら航空機がもっとも得意とする分野で、鉄道にはもっと鉄道の得意とするやり方があるのではないかと思うことがある。

そのようなことから、年々失われているのが鉄道独特の旅情である。近年、観光列車が花盛りで、それはそれで快適ではあるが、どうも「仕組まれた旅情」に感じてしまい、心の底からは好きにはなれないのである。まして、市販の時刻表に載っていない豪華列車で巡る旅というのは、「高みの見物」で「好きになれない」というより、「本当にそれで旅気分に浸れるのだろうか」と問いたくなる気分である。

やはり、時刻表を調べ、地域の生活を乗せて走るローカル列車に乗っているとき、もっとも鉄道の旅気分に浸れるものである。そんな路線は意外に身の回りにあるもので、あまり話題になっていない路線に旅情あふれる鉄道が隠れていたりする。読者の皆さんも、そんな素朴な鉄道旅を体験していただき、楽しんでもらいたい。

本書執筆にあたっては、平凡社新書編集部の和田康成氏にご尽力をいただいた。感謝の意を表したい。

二〇一六年五月

谷川一巳

【著者】
谷川一巳（たにがわ ひとみ）
1958年横浜市生まれ。日本大学卒業。旅行会社勤務を経てフリーライターに。雑誌、書籍で世界の公共交通機関や旅行に関して執筆する。国鉄時代に日本の私鉄を含む鉄道すべてに乗車。また、利用した海外の鉄道は40ヵ国以上の路線に及ぶ。おもな著書に『割引切符でめぐるローカル線の旅』『鉄道で楽しむアジアの旅』（ともに平凡社新書）、『ローカル線ひとり旅』（光文社知恵の森文庫）、『こんなに違う通勤電車』（交通新聞社新書）、『世界の駅に行ってみる』（ビジュアルだいわ文庫）などがある。

平凡社新書817

ニッポン 鉄道の旅68選

発行日――2016年6月15日 初版第1刷

著者――谷川一巳
発行者――西田裕一
発行所――株式会社平凡社
東京都千代田区神田神保町3-29 〒101-0051
電話 東京（03）3230-6580［編集］
東京（03）3230-6573［営業］
振替 00180-0-29639
印刷・製本―株式会社東京印書館
装幀――菊地信義

ISBN978-4-582-85817-4
NDC分類番号686 新書判（17.2cm） 総ページ248
平凡社ホームページ http://www.heibonsha.co.jp/